安岡正篤
立命への道

Kamiwatari Ryohei
神渡良平

致知出版社

安岡正篤　立命への道

目次

第4章　東洋の叡智と安岡正篤……161

第5章　安岡正篤の慧眼……205

装幀――川上成夫
装画――四季草花下絵千載和歌巻
（本阿弥光悦書・部分）

プロローグ　現実生活をリードする東洋の叡智

平成十五（二〇〇三）年一月第二週号から、週刊『先見経済』で「安岡正篤《まさひろ》にみる東洋の叡智《えいち》」を八年八か月にわたって執筆してきた。しかし、この人気企画も平成二十三（二〇一一）年八月、一〇四号で終了した。この連載の前には同誌で七年四か月にわたって安岡の珠玉《しゅぎょく》の言葉を解説してきたので、これも合わせると十五年間続いたことになる。

興味が目まぐるしく移り変わる雑誌の世界で、十五年も続くことは異例のことだが、歴代宰相や大企業の経営者たちが人生の師父《しふ》と仰ぎ、判断を誤らないために、ここぞというときの知恵袋と頼んだ東洋思想家安岡正篤の著書から「東洋の叡智」に関する下りを抜粋して解説したことが人気となったのではないかと思っている。

『先見経済』に連載された文章は『安岡正篤　人生を拓《ひら》く』『安岡正篤　珠玉《しゅぎょく》の言葉』（共に講談社+α新書）や『安岡正篤の風韻《ふういん》』（同文舘出版）として出版され、これまたロングセラーとなった。これほどまでに人気があったのは、安岡による古典の解説が単なる語句の解釈に終わらず、生きる上での叡智にまで昇華されていたからではなかろうか。

安岡は知識と智慧《ちえ》の違いをこう述べている。

「知識の学問と智慧の学問は非常に違う。知識の学問は我々の理解力、記憶力、判断力、推理力など、つまり悟性《ごせい》の働きによって、誰にも一通りできるものだ。その意味では機械的な能力である。

しかし（智慧の学問は）そういうものではなく、もっと経験を積み、思索反省を重ねて、我々の性命《せいめい》※註1や、人間としての体験の中からにじみ出てくるもっと直感的な、人格的な学問を智慧の学問という。だから知識の学問より、智慧の学問になるほど、生活的、精神的、人格的になってくる。それを深めてゆくと、普通では容易に得られない、徳に根差した、徳の表れである徳慧《とくけい》註2という学問になる。これが聖賢の学である」

（※註1　性命＝万物が天から受けたそれぞれの性質。※註2　徳慧＝徳行と智慧）

知識は智慧や叡智になってこそ初めて現実生活をリードできる力になる。知識が頭の中だけのことに終わり、生きる力の源である叡智にまで昇華しなかったら、ただの「論語読みの論語知らず」に終わってしまう。これは安岡が最も嫌ったことだった。

安岡は徳についてこうも解説している。

「偉くなることは、必ずしも富士山のように仰《あお》がれるためではない。なるほど富士山は立派だけれども、それよりも何よりも立派なものは大地である。この大地は万山を

載《の》せて一向重しとしない。谷やら川やらを載せて、あえていとわない。常に平々担々としておる。この大地こそ本当の徳である。われわれもこの大地のような徳を持たなければならぬ。大地のような人間にならなければならぬ」

ここに安岡の人物論が集約されている。自分の才能をひけらかすただの切れ者は五万といる。必要とされる人物は、人を生かす人である。徳は自らしゃしゃり出るところに生まれるものではなく、他の人々を受け入れ、その能力を花開かせるところから育っていく。今こそ徳慧の学問が必要とされるときである。

ショックは人間の目を覚まさせる

安岡正篤は人間性に対して深い洞察を持っていた。湖水のような静けさをたたえていたから、人間の行動パターンがよく見えていたのだ。

四十五年にわたって安岡の著書を読み、人生の指針としてきた私は、今年三月十一日に起きた東日本大震災に直面したとき、『東洋人物学』（致知《ちち》出版社）に書かれている一節を思い起こした。安岡には、この災害が人々に及ぼすショックによってもたらされるものが見えていたのだ。

「人間はときどき衝撃を受けて、とくに自己に衝撃を受けて驚き、目が覚める、覚ますということが最も必要であります。人間の生命というものは、慢性的、慣習的、因《いん》襲《しゅう》的になるとたちまちだれてしまいます。これにショック療法といって、ときどき衝撃を与えないと、生命は躍動しない。

神経衰弱とか消化不良に陥っている人間に、いくら薬を飲ませても、どんなに養生を勧めても、完全に回復することはない。こういう人間には衝撃を与えるのが一番い い。たしかにこれは非常に難しいことであるが、真理、道というものはとくにそうです」

平和ボケに陥り、消化不良を起こし、神経衰弱になっていた日本を覚醒させ、再び人生の主人公にするためには、ショック療法が必要だったのだ。

しかし注意したいのは、安岡も言っているとおり、この災害は日本を衰退させるために起きたのではなく、民族の生命をもう一度躍動させるために起きたということだ。

そう考えたら、ここで沈みこんでいる訳にはいかない。ここから奮起して、以前にも増して素晴らしい国家を築き上げたいと思う。

私は本書で、先師安岡正篤が国家の進むべき方向と人生の主人公になれる方法を模索した道をたどって東洋の叡智を確認し、自己確立の方策を模索した。本書が多くの人々の杖、暗夜の灯火《ともしび》となることを願ってやまない。

平成二十三（二〇一一）年八月

著者識

第1章

安岡正篤　立命への道

1　安岡正篤　立命への道

感性は人生を豊かにする

安岡正篤は常々、「感激は詩の生命である」と語っていた。魚の目に涙が光っているのを感じとることができるような繊細な感性が詩を生み出す。感激性を失うと、セミの抜け殻のような人間になってしまうという。

豊かな感性は芸術を生み出す源泉だが、ただ単に芸術だけではなく、その人の人生そのものを創造する力でもある。

安岡の人生を俯瞰《ふかん》すると、日本史上はじめての出来事だった「敗戦」が彼の精神に喝《かつ》を入れたように思えてならない。戦争とか大震災とか大津波は意味があって起こる。それは天からのメッセージだ。そのメッセージを受け取る感性がないと、災害はただの厄災《やくさい》になってしまう。今度の東日本大震災も天からの警告なのだ。

金雞学院、日本農士学校の建学の真意

大正十一（一九二二）年三月、安岡は東京帝国大学を卒業すると同時に、『王陽明研究』（玄黄社）を世に問うた。「真理は内在する」と喝破し、「内なる声を聴く」ことの大切さに目覚めた王陽明を論じつくした同書は一躍人々の心をとらえ、一群の師表として迎え入れられた。

しかし、昭和維新を標榜《ひょうぼう》する思想家や政治家、右翼の頭目、若手軍人などと付き合いが深くなるにつれ、安岡は疑問を持つようになった。

「国家を刷新しなければならない！　いまこそ昭和維新を断行するときである」

と叫ぶ彼らの威丈高《いたけだか》な言は勇ましい。しからば現行の為政者にとって替わるようなものが彼らの中に育っているのかと考えたとき、そこに何ら新しいものは感じられない。新たなものがないだけに、昭和維新は単なる権力者の交代に終わり、旧態依然のことがくり返されることになりかねない。

（――聖賢の書に学び、人間を創るという一番基本的なところをおろそかにしたままでは、何事も砂上の楼閣になってしまう。ここは迂遠《うえん》なように見えるかもしれないが、

一から始めるしかない！）

そこで安岡は昭和二（一九二七）年、古典に基づく人間教育に主眼をおいた金雞《きんけい》学院を、昭和六（一九三一）年、農村のリーダーを育てるために、日本農士学校を設立し、教育活動に重点を移した。

政治運動の第一線から身を引き、教育活動に専念するようになった安岡に対し、昭和維新を標榜する国粋主義者たちから、「白足袋《しろたび》の革命家！」と罵倒《ばとう》された。安岡は汚れたことは何もせず、机上論を述べるだけの革命家に過ぎないというのだ。しかし、安岡は一切弁明せず、古典による人間教育に専念した。

社会はますます威丈高になっていって、国粋主義が大手を振って歩いた。占領地においても諸国民の人権を踏みにじり、日本に資《し》させようとした。アジア諸国を欧米の桎梏《しっこく》から解放するといいながら、その実、新たに日本の支配下に置こうとした。為政者たちの傍若無人な振る舞いは日本人のみならずアジア諸国民を傷つけた。

敗戦という決定的破綻《はたん》に向けてひた走る日本を必死で支えながら、安岡の心の中では、（こんな横暴が長続きするはずがない……）という苦々しい思いが消えなかった。

安岡正篤を奮起させた敗戦という憂き目

　戦争は日に日に深刻さの度合いを深め、東京でも地方都市でも連日空襲のサイレンが鳴り響くようになった。紅蓮《ぐれん》の炎が燃え盛り、東京も焼け野が原となり、あちこちに焼け焦げた死体が転がった。安岡はその東京に踏みとどまり、金雞学院や日本農士学校にあって、朝参《ちょうさん》（朝の集まり）で時局を説き続けた。安岡の舌鋒は鋭く、

「民が飢えているにもかかわらず、指導者はおごりたかぶり……」

と為政者を激しく叱責《しっせき》し、人の上に立つ者のあるべき姿勢を説いた。あまりの激しさに、学院当局者は安岡が官憲に摘発されることにならなければいいがと心配した。

　八月十日の朝参の講義では、ソ連が宣戦を布告して満州になだれ込み、悪逆無道の限りを尽くしている実情を述べ、

「ついに最後の日が来た。道の畏《おそ》るべきを今ぞ知るべきである。これよりわれわれの骨身にこたえる苦衷《くちゅう》が始まるのだ」

と臍《ほぞ》を噛《か》んだ。八月十三日の朝参ではこうも述べた。

「神にたいする責任の深い自覚があったならば、日本はこうはならなかった。神を汚すこと、近代日本の指導者たちほど、はなはだしいものはなかった……」

戦争の現状は明らかに指導者たちの姿勢から来ていると叱責した。

「終戦の詔勅」と張横渠の思想

八月十三日、鈴木貫太郎《かんたろう》首相は安岡を首相官邸に呼び出し、昭和天皇が読まれる「終戦の詔勅《しょうちょく》」を刪修《さんしゅう》するよう依頼した。ついに来るべきときが来た。安岡はこの歴史的文書に、宋の大儒張横渠《ちょうおうきょ》の思想、

「天地のために心を立て、生民のために道を立て、去聖《きょせい》のために絶学を継ぎ、万世のために太平を開く」

を織り込むことを決意した。敗戦に至ったことを弁解するのではなく、これから未来に向けて、どういう国づくりをしていくのかを宣言しようというのだ。

先の一文で張横渠はこういうことを言おうとした。

――天は何十億年という歳月をかけて、天地万物をつくってきて、最後に人間をつ

くった。その人間は五十万年もかかって倫理感覚を培《つちか》ってやっと人間らしくなり、精神や理想、文化、文明といわれるものを発達させてきた。

つまり、人間が修養し、立派な存在になるのは、天地万物一切の願いが成就することでもある。また人の上に立つ人が自分の未熟さと闘い、道を極めようとするのは、人々のためでもある。だからこそ私は、今は亡くなった聖人達の絶えてしまった学問を引きついで、万世のために平和な世の中を切り拓《ひら》こう。

安岡にとって、「終戦の詔勅」とは、宇宙意識に立脚し、凜《りん》とした国づくりを始めようという決意の宣言だったのだ。

国破れて山河在り

二日後の八月十五日、昭和天皇は玉音放送で「終戦の詔勅」を読み上げ、日本は建国以来初めての敗戦を迎えた。未曾有《みぞう》の国難に直面して、国民は茫然《ぼうぜん》自失した。まさに漂泊の詩人、杜甫《とほ》が唐の滅亡を嘆いて詠んだ「春望」そのものだった。

国破《やぶ》れて山河在り
城春にして草木深し
時に感じて花に涙を濺《そそ》ぎ
別れを恨《うら》み、鳥に心を驚かす
烽火《ほうか》は三月に連なり
家書《かしょ》は万金《まんきん》に抵《あた》る
白頭掻《か》けば更に短く
渾《す》べて簪《しん》に勝《た》えざらんと欲す

（国は戦火で荒れ果ててしまったが、山河は何ひとつ変わることがない。長安の都に再び春が巡ってきて、草木が芽吹き、緑が町をおおっている。そんな景色を眺めていると、胸が締めつけられ、花を見ても涙を流す。妻子に会えるのはいつのことだろうか。自由に空を行く鳥を見ると、悲しみに心が閉ざしてしまう。

戦いは年を越えて三月になったのに、戦火はまだ止まない。家族からは絶えて便りがないがどうしているのだろうか。手紙が金で買えるものなら、どんな大金を投じてもいい。

こうして思い悩み、白髪の頭を掻けば、目に見えて髪が抜けてしまった。ああ、これでは冠《かんむり》止めのかんざしを止めることもできなくなるだろう）

混迷を極めた戦後日本

敗戦によって扇の要《かなめ》がはずれた日本は大混乱に陥り、戦犯探しが始まって、誰が悪い、彼が悪いと非難の応酬が始まった。昭和二十二（一九四七）年一月四日、ＧＨＱ（連合国軍総司令部）は安岡が活動の拠点としていた金雞学院と日本農士学校を、国粋主義を鼓舞した団体（Ｇ項目該当）として解散命令を出した。

産業界は経営者と労働組合が対立して生産が停滞し、教育の現場では教職員組合が反乱してまともな歴史教育が行われなくなり、日本は混迷の度合いを深めていった。戦争の傷跡は民族のいのちを止めてしまいかねないほど深かった。

その痛みは誰よりも安岡を貫いた。安岡を戦犯に陥れようとするＧＨＱの策謀《さくぼう》は蔣介石《しょうかいせき》総統の弁護によって食いとめられたが、まだ公職追放の身で社会的活動は禁止されたままだ。だが、解禁されるのを黙って待っているわけにはいかなかった。

「このままでは日本は崩壊する。座して見過ごすわけにはいかない」

誰が何と言おうと、救国の行動を起こすしかない。それは昭和初年、金雞学院や日本農士学校を興したとき、安岡が決意したこと、

「迂遠なようであるけれども、ここは一から始めるしかない」

と同じことだった。敗戦による混乱が安岡を奮起させたのだ。

師友会の発足

昭和二十四（一九四九）年九月、安岡は師友会を結成した。

「人間は宇宙意識を離れるとき、卑《いや》しくなる。凜として立つためには、もう一度、一人ひとりの宇宙意識を喚起するしかない。迂遠なようであるけれども、人間学を興し、一人ひとりの魂を振起することから始めるしかない」

安岡は師友会のスローガンとして、「一燈照隅・万燈照国」を掲げ、各地で数十人という小さな勉強会を開いて、人々を鼓舞した。

「自分がいまいるところで、ささやかなりともひとつの燈火を掲げ、一隅を照らしてゆこうではありませんか。一向に効果が上がらず、ときにはみじめに思うかもしれません。暖簾《のれん》に腕押し、ぬかに釘のように、はかなく感じるかもしれません。

それでもあきらめず、自分の持ち場で一隅を照らそうと営々と努力していけば、それに共感する人がきっと現れ、自分の松明《たいまつ》に火をつけるようになります。その火が全国を明るく照らすようになるのです。

でも忘れてならないのは、自分から始める以外にはないのです。ややもすると挫《くじ》けそうになる自分の弱さを克服し、自分の一燈を燃やし続けたとき、いつの間にか国をも明るく照らすようになるのです」

その叱咤《しった》激励による成果は燎原《りょうげん》の火のように広がって、全都道府県に師友会が結成され、連合して全国師友協会となっていった。

一党一派を超えた闘いへ

一方で安岡は政界にも直接働きかけた。政界が混乱し、自由民主党が立党の精神を見失いかけたとき、党内の保守を結成して素心会をつくり、そのバックボーンとなった。

また一九七〇年の安保改定のとき、日本中の大学が政治の嵐に巻き込まれたとき、加藤寛《かん》（慶應義塾大学教授）、高坂正尭《まさたか》（京都大学教授）、田中美智太郎《みちたろう》（京都大学名誉教授）、矢島鈞次《きんじ》（青山学院大学教授）など、民主社会主義研究会（民社研）に集ったイデオローグたちがさまざまなメディアで左翼陣営と論争し、国の行くべき道を示した。その中核にいた矢島鈞次は、

「戦後の日本をここまで築きあげてきた人の名を一人だけあげろといわれたら、私はノーベル賞受賞者の人々の名をあげる気はさらさらない。安岡正篤師、一人の名前をあげれば十分だ」

と語っている。安岡の闘いは一党一派を超えて、日本を根底から支えていたのだ。

私たちを覚醒させるための大震災

戦争や大震災など、存在するものを根底からゆり動かすものは、確かに大変な厄采《やくさい》

を及ぼすものだが、それと同時に私たちに覚醒を与えてくれるものである。安岡は敗戦という未曾有の国難に遭遇することによって再度覚醒され、獅子奮迅《ししふんじん》の働きを喚起され、戦後日本建設の礎《いしずえ》となった。

私たちの人生で起こるものに意味がないものはない。心耳を澄ませて、その出来事に聴き入ると、私たちに必ずメッセージが届く。今回、日本は東日本大震災という太平洋戦争の敗戦に匹敵するほどの国難に直面したが、これは残された私たちを奮起させ、高い質の国づくりをさせるためではないかと思う。

戦後の混乱を直視して奮起した安岡のように、私たちは今こそ奮起し、見事な国家をつくりあげていかなければならない。それが今私たちに課せられている責務である。

2　東日本大震災に託した天の叫び

関東大震災で目を覚まされた天香さん

平成二十三（二〇一一）年三月十一日、昼二時すぎ、マグニチュード九という巨大な地震が日本列島を襲い、大惨事となった。私はあのとき自宅書斎で『敗れざる者ダスキン創業者鈴木清一の不屈の精神』（ＰＨＰ研究所）を執筆中だった。昭和三十九（一九六四）年、世界一のワックスメーカのジョンソン社に自社を乗っ取られた鈴木氏が、かねて師事していた一燈園の西田天香《てんこう》さんに相談に行った下りを書いていたのだ。

鈴木氏は若い頃、天香さんのもとで修行したこともあって、かねがね「損と得あらば、われ損の道をゆく」を信条としていたが、いざ実際にそういう場面に遭遇すると、信条とは裏腹に、はらわたが煮えくり返った。アメリカ資本の非情さや、アメリカから派遣されてきた社長に擦《す》り寄った子飼いの日本人幹部などに怒りがこみ上げてくるのだ。

どうしたらいいか迷った鈴木氏は天香さんに相談に行った。

ところが天香さんは、意外にも自分が巻き込まれた関東大震災の話をしたのだ。

「私は御殿場近くの汽車の中であの大震災に遭遇しました。東京に入ってみると阿鼻《あび》叫喚《きょうかん》の巷《ちまた》と化し、燃え盛る紅蓮《ぐれん》の炎に巻かれて焼け死んだ人々の遺体がそこここに転がっていました。想像を絶する大惨事に直面し、『これは私への警告だ』と直感的に感じました。そこで灰の中につっ伏してお詫びしました。

『関東の方々、どうぞ許してください。私が気づくのが遅かったばかりに、こんな大惨事が起きてしまいました』

そして京都に引き返すと、それまで住んでいた家を引き払い、裸ひとつで再出発したのです。

鈴木さん、天はあなたの中の甘えを削ぎ落とすために、今度の出来事を仕組まれたのではないでしょうか。あなたが祈りの経営を実践し、道と経済の合一を果たそうとしても、あなたの中にないものは顕現しようがありません。まずあなたの中に形成され、次にあなたの会社に実現されていくのです。

今度のことはお光があなたに課した〝行〟だと思いなさい。つらく悲しい行でしょうが、でもその行を経て、あなたの中に新しいものが育ったとき、そこから新しいひこばえが芽生えるのです。

誰も恨んじゃいけません。全部自分への諭《さと》しだと思って感謝して受けとめなさい」

鈴木氏はその諭しを聞いて、初めて人間的迷いが吹っ切れた。そしてもう一度ゼロから出発し、ついにダスキン王国を創り上げたのだった。

私はそんな下りを書いていたのだが、あまりに符合することが多いので驚いてしまった。関東大震災は天香さんの心の目を開き、それまで以上に日本の精神界をリードするようになった。その感化力は海外にまで及び、ヘレン・ケラーやトルストイの娘さんも訪ねてきて、指導を仰ぐようになった。鈴木氏は自分が育てあげた会社から放り出されるというショックを経験して脱皮したのだ。

ショック療法という言葉があるように、ショッキングな出来事は私たちの中に眠っているものをゆり動かし、目覚めさせるためにあるのだ。

内省は整理し、結ぶ力となる

実は安岡正篤は『易《えき》と人生哲学』（致知出版社）に、内省についてこう書いているが、これもこの状況に見事に当てはまっている。

「われわれの欲望というものは、いうまでもなくこれは陽性です。それに対する内省、反省というものは陰であります。欲望がなければ活動がないわけですから、欲望はさかんでなければなりませんが、さかんであればあるほど内省というものが強く要求されます。

内省のない欲望は邪欲であります。そして内省という陰の働きは、省の字があらわしておりますように、〝省《かえり》みる〟という意味と〝省《はぶ》く〟という意味があります。内省すれば必ずよけいなものを省き、陽の整理を行い陰の結ぶ力を充実いたします。人間の存在や活動は省の一字に帰するともいわれる所以《ゆえん》であります」

内省は必ずや新しい質を生み出すというのだ。

今回の東日本大震災は私たちに何が必要であり、何が要らないものであるか内省させ、新しい質の日本をつくりあげてくれという天の叫びのように思えてならない。

3　人を育む者――道元と安岡正篤

愛語は人を育む

「向《むか》ひて愛語《あいご》を聞くは、面《おもて》を喜ばしめ、心を楽しくす。向はずして愛語を聞くは、肝《きも》に銘《めい》じ、魂に銘ず。知るべし、愛語は愛心より起こる。愛心は慈心を種子《しゅじ》とせり。愛語能《よ》く廻天《かいてん》の力あることを学《がく》すべきなり」（『正法眼蔵《しょうぼうげんぞう》』「道元禅師全集」春秋社）

これは道元の最高の書物『正法眼蔵』に書かれている言葉である。大意はこうだ。「人は面と向かって褒《ほ》められると、表情一面に喜びがあふれ、心が楽しくなる。ところが面と向ってではなく、自分がいないところで褒められると、それ以上に嬉しく、肝《きも》や魂に銘じるほどの喜びとなる。愛《いつく》しむ言葉は相手を愛する心から生まれる。愛する心は相手を慈《いつく》しむ心を種としている。愛の言葉は衰えた勢いを再び盛んにし、天下の形勢をひっくり返すほどの力があることを知るべきである」

私は見守られているという感じほど、人間を喜ばせ、浮き浮きさせるものはないと

思う。それを一番感じさせるのが、

「あの人があなたのことをこう言っていましたよ」

というほめ言葉だ。そんなほめ言葉を耳にすると、人間は誰でも千人力を発揮する。

だからそんな言葉を発することができるよう、まわりの人々への関心を深めておこう。

そうした言葉は作為的に発せるものではない。日頃からその人に好印象を抱いていなければできることではない。それは自分の中に「育む者」としての心情があってこそできることである。

薫習――へりくだる者のゆかしさ

その愛語という言葉に寄り添うような言葉が仏教にある。「薫習《くんじゅう》」である。

薫習とは、お香を焚《た》くと、その香りがいつの間にか衣服にしみつくように、優れた人の側にいると、知らず知らずのうちに挙措《きょそ》が謙虚になり、人物ができてくるという意味だ。何とゆかしい言葉だろう。

そのことを道元はこんな比喩《ひゆ》を用いて説いている。

「霧の中を行けば、覚えざるに衣湿《ころもしめ》る。よき人に近づけば、よき人になるなり」

人への感化というものはそういうものである。人は教えようとして教えられるものではない。自分がまず精進する以外にない。そしてでき上がった人柄が、人に影響を及ぼすかもしれないが、それは期待するものではない。ただ自己のベストを尽くすだけである。

かくして道元は福井の永平寺を根拠地に、曹洞宗という禅宗の一派をつくり上げた。そして宗派を超えて、学者や作家、思想家にも感化を与えるようになった。

私は安岡正篤という人物を見るとき、同じような感化力を持っていたように思う。

安岡正篤の風韻

私は平成二十二（二〇一〇）年五月、『安岡正篤の風韻《ふういん》――喜神を含む生き方』（同文舘出版）を出版した。風韻とは現代ではもう死語になった感があるが、「その人がかもし出している音楽のような人柄」、あるいは「枯れた人柄」というほどの意味である。

安岡正篤が逝去《せいきょ》したのは昭和五十八（一九八三）年十二月十三日のことだから、もう二十八年にもなる。それでもまだ大手書店には安岡本のコーナーが設けられていて、道を問う人々が安岡の本を買い求めている。そこで私は現代においてもなお人々を惹《ひ》きつけてやまない安岡の魅力はどこにあるのかを明らかにしようとして書いたのがこの本だ。

私は安岡の魅力の一つを「薫習」という言葉で表現した。

とにかく安岡の側にいたい、側にいるだけで心が休まり、生きる力を得るのだ。安岡はそう感じさせる人だったから、多くの人々は彼が主宰する勉強会に出て、著書を読み、切磋琢磨《せっさたくま》して人格を磨いた。

この本を書くのに格好な素材を提供してくれたのが、現代の麒麟《きりん》児といわれる北尾吉孝《よしたか》ＳＢＩホールディングス代表だ。『安岡正篤の風韻』にも書いたが、北尾社長は東洋の古典をはじめ安岡人間学によってそのバックボーンを形成し、一四一〇億八一〇〇万円（平成二十二年度。前年比一三・三パーセント増）を稼ぎ出す企業をリードしている。

ビジネスはそれを遂行する人間自身の主体性を培《つちか》わなければ、人間をただの守銭奴におとしめてしまう。私はその危険性を指摘しながら、北尾社長の精進の様相をつぶさに書き、彼が古典によっていかに素養を培っているかを書いた。古典によって培われた教養が、ビジネスと切り離されていないのだ。

中国では北尾社長を「儒商」――儒学を根底に持っている実業家と呼んでいる。こうして中国に起こっている『論語』ブームの一因となっている。

俗世間に在って俗世間を超えた人

安岡の魅力の一つは私たちの心の姿勢を正してくれることにある。たとえば『新憂楽志』（明徳出版社）にこういう一節がある。

「人々はこの騒然たる現代文明生活の中にあって、何よりも自己を失ってはならぬ。自己の心情を温存せねばならぬ。余りに現実的であることから一歩退いて、時に彼岸《ひがん》の声、宇宙からの光をわが衷《うち》に受けるぐらいのことがなければならぬ」

現代社会は効率を追い求めるあまり、逆に人間性をすり潰《つぶ》してしまいがちだ。その圧力に屈して自己疎外に陥ってしまわないためには、「彼岸の声」を聴き、「宇宙からの光をわが衷に受ける」ことが必要だと説く。

彼岸の声を聴くとは、永遠というものさしを持ち、現実のことに一喜一憂しないということだ。天は私のことをわかってくださっているという思いが慰めとなり、励ましとなる。安岡はさらにこう述べて人々を励ましている。

「東洋人は現実の生に喪心《そうしん》したり、狂騒《きょうそう》したりする頽廃放蕩《たいはいほうとう》ではなく、心に『永遠』の浸潤《しんじゅん》を受けて、現実の色の薄められる虚無自適《じてき》の心情を豊かに持っていた」（前掲書）

安岡は人々を鼓舞する資質を持っていたのだ。

宋での修行の日々

日本に禅宗（曹洞宗）を確立した道元には学ぶことが多い。たとえば、「人生に雑用はない」という捉え方だ。そこに至った逸話はこうだ。

道元は宋に留学すべく日本を出航し、一か月後に浙江《せっこう》省東部の港・慶元《けいげん》（寧波《ニンポー》）に着いた。ここはかつて遣唐使が上陸していたところで、宋・元時代には留学僧が上陸していた。道元の師でもある栄西もかつてここから上陸したので、感慨深かった。

慶元の近くには五山といわれる阿育王山広利寺《あいくおうさんこうりじ》や天童山景徳寺《てんどうさんけいとくじ》がある。道元はまだ上陸許可が下りず、船を宿としていた。そこに港から四里（十六キロメートル）離れた阿育王山広利寺で典座《てんぞ》を務めている老僧が、同船している日本の商人から椎茸《しいたけ》を買い求めているのに出くわした。典座というのは禅寺の炊事僧のことで、修行僧の食事を司《つかさど》っている。

聞くと四里も歩いて買い出しに来て、購入が終わればすぐに帰るらしい。老典座は住職も務めたことがあるが、もう一度初心に返って修行に来たのだという。

それを聞いて道元は驚き、質問した。

「住職まで務めたことがある方が、どうして典座などしているんですか。再度修行するということであれば、もっぱら坐禅に取り組み、経典を研究し、公案を工夫することに時間を用いるべきではありませんか」

道元の質問には、もう年も取っていることだし、典座など卑賤《ひせん》の職に時間を費やしている暇はないじゃないですかという忠告めいた響きがあった。

すると老典座は道元をやんわりと諭《さと》した。

「外国から来た立派な若いお方よ、惜しいことにあなたはまだ修行の何たるかがわかっておられないようだ。文字の何たるかもわかっておられないようじゃのう」

それには道元が驚いた。栄西や明全《みょうぜん》について臨済禅はもう六、七年も学んでいて、一応仏教や禅については心得ているつもりだったが、老典座からピシャリとやられた。道元は非礼を詫びて、問うた。

「今おっしゃった修行の道理、文字の道理について教えていただけませんか」

すると老典座は慈顔をもって答えた。

「今お前が質問したところを踏み外さないように通過しないと、仏教を知ったとは言えないぞ」

しかしまだ二十四歳の若い道元には意味がよくわからない。きょとんとしていると、老典座は重ねて言った。

「そうしたことはすぐには理解できないだろう。今日は生憎《あいにく》ゆっくりできないが、阿育王山へ訪ねてきてくれれば、そのときじっくり語り合おう」

名残りを惜しんだ道元が、「今日はもう泊まっていって、もっと聞かせていただけませんか」と懇請したが、老典座は、「無断で外泊はできない。それにわしが帰らなかったら、みんなが明日の食事に事欠くことになる」と断った。

それでも道元は、「阿育王山には他に典座がいるでしょう。あなたが一人ぐらいいなくてもかまわないはずです」と食い下がった。すると老典座は厳しく言い返した。

「年老いてからの再修行じゃ。どうして自分の勤めを他人に譲ることができようか」

老典座にとって、他の修行僧のために炊事することこそが修行なのに、その修行を誰に代わってもらうというのかと言い残して船を下りていった。

それまで道元は、炊事などは単なる労働であり、雑務でしかないと思っていたので、目から鱗《うろこ》が落ちるような教えだった。

人生に雑事はない！

その後、道元が天童山景徳寺に登り、無際了派《むさいりょうは》禅師について修行していると、件の老典座がひょっこり訪ねてきた。何でもこの七月には典座職を下り、故郷の四川省に帰るので、その前に天童山で修行しているという道元に会おうと思って訪ねてきたという。

これには道元は恐れ入り、涙がこぼれるほど嬉しかった。早速、船の中で中断したままになっていた文字弁道について教えを乞《こ》うた。

「どうすることが道を体得することになるのですか？」

それに対して、実際の修行でつかんだ老僧の答えは重かった。

「すべてのものは仏道修行を助けるものであって、少しも隠し立てはしていない。典座は悟りを開こうとして修行している僧に食事を奉げる尊い仕事である。読経したり、坐禅するのと同じように、いやそれ以上に尊いことだ。決して卑賤《ひせん》な仕事ではない。ただ雑事だと思えば、雑な仕事になってしまう。心の持ちよういかんだ」

これほど地に足が着いた実際的な教えはなかった。

道元はそのときの問答を『典座教訓』に次のように書き表わしている。

「山僧（私）いささか文字を知り、弁道《べんどう》（仏教）を知るを了《りょう》ずることは、すなわち彼《か》の典座《てんぞ》の大恩なり」

「今、ここ」での実践が大切

　また天童山での修行中、別の老典座が炎天下、笠も被らずに、仏殿の前庭で茸《きのこ》を干していたが、いかにも苦しそうだ。老典座の背中は弓のように曲がり、眉《まゆ》は鶴の羽のように白く傘のようになっている。

　道元がその典座に何歳におなりですかと訊《たず》ねると、六十八歳だという。そこでなぜ若い修行僧や下働きの者を使わないのですかと訊《き》くと、にべもない返事が返ってきた。

「他人に代わってもらったのでは、わしの修行にはならない」

「確かにその通りでしょう。でももう少し涼しくなってからやったらどうですか」

　すると前にも増して、鋭い返事が返ってきた。

「いまやらずにいつやるんだ」

　若い道元はぐうの音も出なかった。

「私は口をつぐむより他は無かった。そして心中密かに典座職がいかに大切であるかを悟った」（『典座教訓』）

　道元は日本で考えていたことの過ちを知り、今後の修行のあり方に貴重な示唆を得た。禅では「行住坐臥、威儀即仏法」という。日常の立ち居振る舞い、すべて仏法でないものはない。食事、洗面、入浴などの日常の作法もみなそれぞれ深い意味があると説く道元禅はこのとき芽生えたものである。

まず自分の中の弱さを克服しよう！

安岡の教唆《きょうさ》も私たちの日常生活にかかわるものが多い。例えば、一隅を照らす者になろうと発奮し、努力し始めた人に言う。

「一隅を照らそうと努力を始めた人が半年か一年すると、凝念を抱くようになるもんです。私は一社員でしかなく、何の権限もないので、発奮して努力をしたとしても、この社風は変えようがないとか、一介の主婦でしかない私がいくら頑張ってみたところで、暖簾に腕押しのようなもので、一向に社会はよくならないと愚痴をこぼすものです。

そこを乗り越えたとき、もっと広い範囲で、もっと多くの人々と仕事をするようになるもんです。そこでも一隅を照らせるようになると、次のレベルの仕事が任されるものです。だから一隅を照らそうと決意した者は、まず自分の弱さを克服しなければなりません」

道元と同じように安岡も、その指導は足元からだったのだ。

一昔前はリーダーシップとは「俺について来い！」というものだった。しかしもう時代が変わった。「俺について来い！」式のリーダーシップではなく、みんなを喚起し、それぞれの能力が花開くように導いていく配慮が、リーダーシップの資質に加わっている。

道元が開祖となった曹洞宗がその後栄えたのも、道元に「人を育《はぐく》む姿勢」があったからであり、安岡教学を学んだ中から多くの政官学界のリーダーが育っていったのも、安岡に道元と同じように「人を育む姿勢」があったからではなかろうか。

リーダーシップの役割に、先見の明、決断力、実行力に加えて、教育者としての力をつけ加えなければならない。安岡はまさに人を育む者だったのである。

4　故オニヅカ宇宙飛行士からのメッセージ

マウナ・ケア山での出来事

私は平成二十三（二〇一一）年五月、読者の方々と「ハワイ瞑想《めいそう》の旅」をした。毎年読者と世界のエネルギー・スポットといわれる場所を訪ねて、自分たちの気を養うことをしている。私たちの人生が充実するためには、私たち自身のアンテナが研ぎ澄まされることが必要だと思うからである。

八つの島々からなるハワイ州の南端にあるハワイ島に四二〇五メートルのマウナ・ケア山がそびえている。ここに世界各国が大型望遠鏡や電波望遠鏡を持ち込んで宇宙を観測している。というのは、四国の半分ほどの面積の島に、わずか十七万人弱しか住んでいないため、天体観測に一番の障害である人工的な光がないためである。

それにマウナ・ケア山は富士山よりも高い山なのに、裾野が広いなだらかな休火山なので、4WD（四輪駆動車）の自動車なら頂上まで登ることができる。そんな利点があって世界各国の天体観測所になっており、日本もスバルという世界最大の電波望遠鏡を設置している。

私たちは頂上を目指す前に、高山病にかからないようにするため身体を慣らすのと、夕食を摂《と》るため、二八〇〇メートル地点にあるオニヅカ・ビジターセンターを訪ねた。すると一行の一人で、極めて精妙なアンテナを持っている佐伯宏美さんに、日系人ではじめて宇宙飛行士に選ばれた故エリソン・オニヅカさんが降りてきて、私たちに大切なメッセージを伝えてくれた。佐伯さんには、私が『天翔《あまか》ける日本武尊《やまとたけるのみこと》』（致知出版社）を書く際も、日本武尊の父君である第十二代景行《けいこう》天皇が降りてきて、メッセージを託されたことがあった。

エリソン・オニヅカさんは一九八六年一月二十八日、二回目の宇宙飛行でスペースシャトル・チャレンジャー号に乗り組んだ人である。しかし打ち上げから七十三秒後に、右側固体燃料補助ロケットが破損した影響でチャレンジャー号は空中分解し、乗務員七名とともに大西洋に落下していき、犠牲者となってしまった。

オニヅカさんがハワイ島のコナの出身であることもあって、マウナ・ケア山の天体観測所ビジターセンターにオニヅカの名前が冠せられた。

オニヅカ宇宙飛行士からのメッセージ

佐伯さんはオニヅカさんからメッセージが送られてきたときの様子を私たちに喜々として語った。

「オニヅカ・ビジターセンターへ入ったとたん、このビジターセンターの主であるオニヅカさんのやさしい表情が私の胸の中にぱっと浮かび、いきいきしたメッセージが流れ込んできました。そしてこう言われるのです。

『日本から大勢の神様がやってこられてありがとう。ハワイの神々も大変喜ばれています。ところで僕は不幸なことにスペースシャトル・チャレンジャー号の事故で死んでしまったけど、実はそれもこうして多くの人を宇宙の素晴らしさに案内するミッションだったんだと感じています。

僕は本当に宇宙が大好きだった！　子どもの頃から宇宙の神秘に魅せられていたんです。そして今さらに宇宙の神秘を多くの人に感じてもらいたいと思っています。

今、地球はとっても危うい危険な状況にあります。人類の行く末を宇宙から多くの生命《いのち》が心配しているんです。みなさんは広大な宇宙の中で、地球ははかない生命が宿っているたった一つの星だと思っているでしょう。でもそれは違います。宇宙は生命に満ちているんです。

人類は自分たちだけが高度な生命体だと思っていますが、それも違うんです。人類が生きていられるのは、地球外の生命のおかげであり、地球上の多くの生命のおかげです。それを神様が支えてくださっているから存続できているんです。

人類は孤立しているんじゃない。宇宙の中、生命の中に存在しているんです。地球外のたくさんの生命が地球のことを心配し、祈っています。

いま地球はとっても大事な時期にさしかかっています。バランスを取って生きることが大切なことに人類は気がついて欲しい。人類が自分たちだけが生きていると錯覚し続けることはもう難しい。宇宙の中の存在であることに気がついてほしい。

でも、多くの祈りがいま地球に向けられているから、心配しなくていい。その祈りに気がつきさえすればいいんです。このマウナ・ケア山の頂上で、美しい宇宙をたくさんの人に見てもらって、気づきが早まるのを僕は願っています』

私はオニヅカさんからのメッセージをみなさんに伝えることができて嬉しいです」

佐伯さんが告げたオニヅカさんからのメッセージは私たちの心を打った。

神々しい夕日はオニヅカさんからのプレゼントだ

私たちは防寒具に身を包んで、氷点下のマウナ・ケア山頂から、あかね色に輝いて、最後の一閃《いっせん》を私たちに投げかけて雲海の彼方に沈んでゆく夕日を眺めた。オニヅカさんからのメッセージを受けた直後だったので、その夕日は私たちを一掃荘厳な気持ちにしてくれた。

山頂からサンセットを眺める前は寒くてガタガタ震えていたのに、あかね色に染まって夕日を眺めていると、体の震《ふる》えが止まった。その後私たちの頭上に展開した星々の素晴らしい饗宴《きょうえん》は、私たちを魂の故郷に引き上げていってくれた。

望遠鏡で月面のクレーターを覗いたり、美しい輪がはまっている土星を観察したりしていると、自分は地球という星に住んでいることを実感し、地球という星の将来に責任を持てる人間でありたいと責任感めいたものが湧いてきた。

私はマウナ・ケア山頂から下山するため四輪駆動車に乗り込んだとき、オニヅカさんが次のように語りかけておられる気がして、泣けてならなかった。

「人類は宇宙に思いを馳《は》せたとき、肌の色や人種や階級、宗教など、もろもろの違いを超えてひとつになれるんです。宇宙という根源の謎を探ることはそういう意味があるのです。それが宇宙飛行士や天文学者たちのロマンです」

そしてこんな短歌が生まれた。

天空の星ぼしを追うマウナ・ケア
　世界の叡智ここに集めて

人類のふるさと求め謎を追う
　ハワイの島の科学者たち

根源なるものを見失うと多岐亡羊になる

ところで、オニヅカさんのメッセージは、安岡正篤が『人間学のすすめ』（福村出版）に、「根源」について書いている一文に通じるものがある。

「文明はあまりに人間の存在、人間の生活を複雑多岐《たき》にいたしましたから、本当のことがわからなくなってしまった。

羊を飼っておった人が羊を逃がした。そこで慌《あわ》てて追いかけたが、あまりにも岐路《えだみち》が多くて、あっちへ行った、こっちに行ったと言っておるうちにわからなくなってしまった――それを指して多岐亡羊《ぼうよう》と言います。

人間もそういうもので、あんまり仕事が多くなると、肝心なものがどこに行っちまったかわからんようになる。今の文明もそうでありまして、あんまりいろいろな知識・技術が発達して、この文明社会というもの、人間というものの本質、人間の使命、人間の幸福、そういったものがわからなくなってしまったのです」

だから時に根源に立ち返って、自分というものを問うてみる必要がある。すると猥《わい》雑《ざつ》なものが削ぎ落とされ、凛とした生き方が生まれるのではないだろうか。

凛とした生き方と草薙剣

実は私はこの「ハワイ瞑想の旅」に、拙著『天翔《あまか》ける日本武尊《やまとたけるのみこと》』上巻のカバーイラストの原画を持参していた。そこには、イラストレーターの西口司郎《しろう》さんによって、その昔、スサノオノミコトが把持《はじ》しており、後に日本武尊が帯びて日本全国を統一した天叢雲剣《あめのむらくものつるぎ》、改め草薙剣《くさなぎのつるぎ》が描かれている。これは三種の神器のひとつで、現在、名古屋の熱田神宮に祀《まつ》られているものである。私はハワイ瞑想の旅の途中、みんなにこの剣に込められた思いを語ろうと思っていた。

日本の伝統的精神とは、「ことあげしない」、つまり人のことをあれこれあげつらうことなく、自分の責務を淡々と果していくというものだ。それは「凛とした生き方」につながっている。

東日本大震災という未曾有《みぞう》の国難に遭い、再起が願われている日本にあって、私たちが「凛とした生き方」をすることによって、新生日本の要として立たなければならないことを説いた。その意味でも「ハワイ瞑想の旅」はとても有意義な旅だった。

5　東山魁夷にみる不惜身命の姿勢

「生かされている」という意識

渋い青ともいえるような深みのある緑を駆使して描かれた柔らかな山水。その中を白い馬が散策しており、淡い影が鏡のような湖面に映っている——。あるいは《夏に入る》と題して描かれた竹林。青い竹が林立する竹林を描きながら、竹林内のひんやりした空気を描き出している。

また立ち枯れた草の葉に降り積もる雪景色を描いた《雪野》は、どこでも普通に見かける風景でありながら、冬のわびしさがよく表現されている。東山はやはり非凡な感性の持ち主だった。

終戦直後から逝去《せいきょ》する平成十一（一九九九）年までの五十年間、東山魁夷《かいい》が住んでいた千葉県市川市中山の自宅の側に建てられている、三年間のドイツ留学時代を想像させる記念館には、いつも静謐《せいひつ》な時間が流れている。私の自宅が近いこともあって、時々訪ねて作品を眺め、思索の時間を持っている。東山はどこまでも「静謐の画家」である。絵に見入っていると心が安らぐのだ。

その静謐を支えているのが、「生かされている」という意識だ。東山は『日本の美を求めて』（講談社）の中で、それをこう表現している。

「私はずっと以前から、自分は生きているのではなく、生かされていると感じていた。また人生の歩みも、自分で歩んでいるのではなくて、歩まされていると感じていた。（中略）山の雲は、雲自身の意志によって流れているのではなく、また波は波自身の意志によってその音を立てているのではない。それは宇宙の根本的なものの動きにより、生命の根源からの導きによってではないでしょうか。そうであるならば、この小さな私自身も、また野の一本の草も、その導きによって生かされ、動かされ、歩まされているのではなかろうか」

この感覚があるから、東山はいかに名声を得ようとも、驕《おご》り高ぶることがなかったという。自分は天の媒体でしかないと自覚しているからであろう。褒《ほ》められるとしたら天が讃《たた》えられるべきなのだ。

東山のそういう意識は作風に反映されていったから、観る者から肩の力を抜いて、清浄な気持ちに導いていった。

それにしても東山魁夷が一九七〇年代、約十年の歳月をかけて制作した奈良・唐《とう》招提寺《しょうだい》御影《みえい》堂の障壁画「黄山暁雲《こうざんぎょううん》」は一見に値する。東山は千変万化する山の姿を墨の濃淡を使い分けて描き出し、東山自身の言葉で言う「充実した無の世界」を表現した。

「充実した無」こそは老子が説く「あらゆるものを生み出すエネルギー」であり、『聖書』が説く「有りて有るもの」であり、いのちの根源である。優れた表現者はこの「いのちの根源」を表現できる。だからこそ東山は「昭和期を代表する日本画家」と呼ばれるようになったのだ。

不惜身命だからこそ但惜身命

私は静謐の画家東山魁夷を支えているのが、「生かされている」という意識だと書いた。だから東山の絵画を鑑賞していると、鑑賞する側も「生かされている」という意識に昇華していく。

同じ時代を生きた安岡正篤にも「生かされている」という意識が濃厚にあった。その意識が寸陰《すんいん》を惜しまず努力する生き方となって現れた。そのことを安岡は『禅と陽明学』（上下、プレジデント社）に次のように書いている。

「お互いがこうして生きている。考えてみればこれくらい不思議なことはない。この悠久《ゆうきゅう》なる時間とこの茫漠《ぼうばく》たる空間の中にあって、たまたま時と所を一にしてこうしているという、こんな不思議なことはないということがわかれば、この現実、この刹《せつ》那《な》、この寸陰（わずかの時間）、この場、この身というものが何よりも大事なのである。無限に愛惜《あいせき》すべきものになる。これを『但惜身命《たんじゃくしんみょう》』という」

この但惜身命という言葉は二代目貴乃花《たかのはな》が横綱昇進を受けるとき、「不撓《ふとう》不屈の精神で、相撲道に不惜身命《ふしゃくしんみょう》を貫きます」と口上して一躍有名になった「不惜身命」と一対になって用いられる言葉である。安岡はこの言葉を用い、さらに説明を続けている。

「それを把握するためには、とりとめのない日常の身命など値打ちがない。これは『不惜身命』（身命を惜しまぬ）である。真に道を得るためには、それこそ不惜身命でなければならない。

何が故に身命を惜しまぬかといえば、『但惜身命』本当の身命というものに限りなく愛着するからである。真の自己・真の存在というものを限りなく愛着するが故に、この取りとめない、はかない迷える身命など問題ではない。命がけで命を惜しむ、但惜身命なるが故に不惜身命。不惜身命にして但惜身命になる」

ああ、何たる脱落心身か！　この姿勢を持って脇目も振らずに一心不乱に仕事に打ち込んだとき、歴史に燦然《さんぜん》と輝く仕事ができるのだ。

「芸術はもの言わぬ神の意思に形を与えるものである」

私は平成十五（二〇〇三）年八月、スペインの巡礼路カミーノ八〇〇キロメートルを歩いた経験を『星降るカミーノ――魂の旅路』（ＰＨＰ研究所）に書いた。揮毫《きごう》を求める読者に私は、著書の扉に尊敬する作家芹沢光治良《こうじろう》の信条だった、「文学はもの言わぬ神の意思に言葉を与えるものである」

と書いているが、その思いは最近ますます強くなっている。

私はインスピレーションの源泉は天だと思っている。天から降ってくるメッセージを作家はエッセイや小説として表現し、作曲家は歌や演奏という形で表現し、画家は色彩や造形で表現し、フィギュア・スケーターは銀盤上におけるアイス・ダンスとして表現する。

だから表現者にとって、インスピレーションの源泉とのパイプを太くすることは決定的に重要である。その一体感があるから、表現者はしばしば「自分は生かされているると感じる」と告白する。個々の創作は自分のアイディアで生み出しているのではなく、私というフィルターを通して天が表現していると感じる。その意識で創作したものは普遍性を帯び、共感する者が増えていく。

そういうレベルに達した音楽や絵画やドラマや料理や陶磁器などの作品に接した人は、自ずから心が高揚していき、いいものに接することができたという喜びに変わっていく。

ここに芸術と呼ばれるものの存在価値がある。そして私たちは自分が携わっている仕事を芸術といえる領域にまで高めることができる能力を附與《ふよ》されているのだ。

人間は無限なるものが有限化された存在

そんなことを考えている私を、安岡は素晴らしい人間観を提示することで励ましてくれた。『運命を開く』（プレジデント社）にこう書いている。

「人間というものは、ある全《まった》きものでなければならない。人間の生命というものは、無限にして永遠なるものです。その偉大なる生命が何らかの機縁によって、たまたま一定の存在になり、一つの形態を取るのです。

そこで我々が存在するということは、すでに無限の限定である、無限の有限化であることを知る必要がある。この有限化を常に無限と一致させるということが真理であり、道理であり、道徳であります」

神道は「人間は神の分霊《わけみたま》だ」と考えている。安岡はそれを「人間は無限（神）の有限化」と表現した。そこには神と人間を分離した考えはない。

私は、ドイツで長年プロテスタント（新教）の牧師をしていて、今は日本に帰ってきて大学教授をしている人と話す機会があった。その教授は、神は絶対的な創造者であり、人間はあくまでも被造物（造られたる者）でしかないというキリスト教の人間観に、牧師でありながら、正直なところ違和感を覚えていたと言う。おそらく彼は前述した安岡の引用文を読むと、「わが意を得たり」という気持ちになるのではなかろうか。

人間は粘土細工のような単なる被造物ではない。神の霊を宿す霊妙な存在であり、神の分霊《わけみたま》である。もちろんイエスはそのことは自覚した上で、被造物と言われたのだろうが、キリスト教神学は神を絶対的で不可侵な存在に祭り上げるあまり、人間との間に一線を敷いてしまったのだ。

東山が感じていた「生かされている」という感覚は、神と一体感があるところに生まれてくる。だからこそ自分というフィルターを通して、自然、万物の中に顕現しているもう一つの神を描こうとした。描かせてもらおうと思った。

安岡は、人間は「偉大なる生命が何らかの機縁によって、たまたま一定の存在になり、一つの形態を取って」現れたと説く。自分はそういう存在だと知ると、自ずから身が引き締まり、厳かになる。安岡の人間観は人間社会そのものを向上させているといえよう。

第2章

安岡正篤に啓発された人々

1　安岡正篤に啓発された元参議院議員長峯基さん

宮崎の好々爺

致知出版社が主催する人間学セミナーや、関西師友協会主催の定例講演会「照心講座」に宮崎県都城《みやこのじょう》市から熱心に通ってくる人がいる。宮崎県選出の前参議院議員の長峯基《ながみねもとい》さんだ。

「何でわざわざ宮崎から？」と問うと、「国会議員を降りてようやく自分の時間が取れるようになったので、昔からやりたいと思っていたことを始めただけです」という返事が返ってきた。

色つやがよく、背筋もしゃんと伸び、まだ働き盛りの七十歳だ。国会議員の前は県議四期十六年を務めたから、議員生活を二十二年過ごしたことになる。

長峯さんは現在、宮崎県、鹿児島両県にまたがるロータリークラブ第二七三〇地区のガバナーを務めている。行動力は今も抜群で、東日本大震災の後すぐに第二七三〇地区の幹部とともに被災地を訪ね、ロータリークラブをあげて支援体制を組んだ。そして陸前高田市に千本の桜の苗木を送ったり、全国ロータリークラブに図って、大震災で親を失った児童たちの育英基金を設立するなどしている。

「現役を下り、さまざまなしがらみから解放されてみて、いろいろなことが見えてきました。だから原点に返って、人間学を学び、自分を高めようとしているんです。読書は実に楽しい。砂地に水がしみこむように、学んでいます」

と語る長峯さん。実は長峯さんと安岡人間学とのかかわりは長い。

「素心規」がつくってくれたバックボーン

長峯さんが安岡人間学に出合ったのは、昭和五十一（一九七六）年四月、三十五歳のとき、宮崎県都城保健所の職員から統一地方選挙にはじめて立候補し、一敗地にまみれてしまったときのことだ。失意の中で、安岡が書き表した「素心規《そしんき》」を読んだ。敗軍の将にはどの文章も身にしみた。

一　禍《か》が福か、福が禍か、人間の私心でわかるものではない。長い目で見て、正義を守り、陰徳を積まう。

二　窮困《きゅうこん》に処するほど快活にしやう。窮すれば通ずる、又通ぜしめるのが、自然と人生の真理であり、教《おしえ》である。

三　乱世ほど余裕が大切である。余裕は心を養ふより生ずる。風雅も却《かえ》つてこの処に存する。

四　世俗の交《まじわり》は心を傷《いた》めることが少くない。良き師友を得て、素心の交を心がけやう。

五　世事に忙しい間にも、寸暇を偸《ぬす》んで、書を読み道を学び、心胸《しんきょう》を開拓しやう。

六　祖国と同胞の為《ため》に相共に感激を以て微力を尽《つく》さう。

（※素心＝利害や意見や年齢や地位身分など、さういふ様々な世間の着色に染まぬ生地のままの純真な心を素心といふ）

長峯さんは誰が書いたのか確認しないまま、手帖に書きとめ、自分に言い聞かせた。そして次の選挙までの四年間、一軒一軒訪問した。心が挫《くじ》けそうになると、手帖を取り出して「素心規」を読み、自分を奮い立たせ、鼓舞した。

そもそも政治家を志したのはなぜだったか——長峯さんは自問自答した。

（都城市の助役をしていた祖父の長峯才九郎《さいくろう》がいつも言っていたなあ。世の中には三つ尊い聖職がある。一つは医者。医者は尊い人の命を救う。もう一つは教育者。教育者は人の魂をつくる。そして残りの一つは政治家だ。政治家は困っている人に救いの手を差しのべるのだ、と。

祖父が忙しくしていつも家にいなかったのは、人々にお世話をするために走り回っていたからだ。子ども心にそんな祖父にあこがれを持ち、政治家を志したのではなかったか！）

そんなこともあって「素心規」は長峯さんに初心を思い出させてくれた。こうして長峯さんは四年間で二万軒をまわり、次の選挙で見事当選を果たしたのだ。

「不思議なことがあるもんですね」

と長峯さんは、素敵な白髪を撫でて言った。

「昨年、致知出版社から、『安岡正篤　人生信條《しんじょう》』という古い本が復刻されました。早速購入して読んでみると、何とあの『素心規』が収録されているではありませんか。私は筆者が誰なのか、長年探していたのです。いわば私のバックボーンを形成してくれたわけですから。嬉しくなって、何十冊も買って支援者に配りました」

長峯さんは子どものころ、祖父から三つの聖職があることを聞かされていたので、医者を志した。しかし受験の時に肺結核にかかってしまい、療養を余儀なくされたので、当初の目標をあきらめざるを得なくなった。

昭和四十（一九六五）年、福岡大学薬学部を卒業後、山之内製薬に入社し、薬剤師として人生が始まった。山之内製薬では全国一の売り上げを達成し、その方法を伝授するほどになったが、人生を一営業マンで終わる気はなかった。

将来国会議員になることを目指して宮崎県都城保健所に入り、人脈をつくって、まず県会議員を目指した。前述したように、昭和五十四（一九七九）年、三十八歳のときに初当選し、四期十六年、宮崎県議会副議長を経て、平成七（一九九五）年、晴れて自民党選出の参議院議員となった。

国会議員の読書会

国会議員となった長峯さんは親しい国会議員たちに声をかけて、月一回の勉強会を発足させた。オリンピックのスピードスケート選手から参議院議員になった橋本聖子さん、星稜《せいりょう》高校の元教師で、プロレスラーから衆議院議員に転じた馳浩《はせひろし》さん、徳島県選出の参議院議員北岡秀二さん、政治学者でテレビのニュース番組のキャスターでもあった参議院議員武見敬三《たけみけいぞう》さんなど五人の国会議員である。

これは各自が感銘を受けた本を紹介し、コメントを述べる会合で、なかなか充実した集まりとなった。その席で長峯さんはしばしば安岡の本を取り上げ、解説した。その一冊が『人物を創る』（プレジデント社）だ。そこには寸鉄人を刺すような言葉が書かれていた。

「『君子は必ずその独《どく》を慎《つつし》むなり』（『大学』）。『独』の意味に二つあります。一つは他に対する『孤独』の意味。今一つは『絶対』。『独立』とは他国の支配を受けず、その国家が『絶対者として立つ』ことです。慎独《しんどく》ということは『孤独の自分』ではなくて『絶対的存在』の意味。人が見ていようが見ていまいが、自分自身を絶対化することを慎独といいます」

国政のこと、陳情者、支持者のことで寧日《ねいじつ》がないのが実際だが、それだけに独を慎み、自分を見失わないようにしたいと述べた。

学生時代も薬学部に身を置きながら、哲学の今村茂教授やフランス語の大塚幸男教授の指導を受け、本を読みふけったこともあって、長峯さんが紹介する本はみんなを唸《うな》らせた。

唯一の人間学の雑誌として、ユニークな編集をしている月刊『致知』を支持者の紹介で読み出したのは、国会議員になった頃である。月刊『致知』は一隅を照らすような生き方をしている人々の対談が多く、読みやすい。加えて、どういう本を読んだらいいか、参考になることが多い。それで現在も愛読書の一つである。

現在長峯さんは都城市で「三楽塾」という人間学の勉強会を主宰している。

三楽とは、「両親が元気であり、兄弟仲が良い」、「天にも人にも恥じることがない」、「若い人を育てる」の三つのことを意味し、中国古典『孟子』にある言葉である。

これまでに、政治評論家の森田実氏、参議院議員の荒井広幸氏、安岡正篤氏御令孫で「こども論語塾」主催者安岡定子氏などを招聘して講演会を開催し、五百余名の塾生に感動をもたらした。一昨年は孔子の第七十五代直系子孫・孔健《こうけん》氏に『論語』について の講演をしてもらい、昨年は、私も「天に棄物《きぶつ》なし」という演題で講演した。

薬害エイズ問題追及の急先鋒

平成七（一九九五）年、国会で薬害エイズ問題が取り上げられたとき、血液製剤のことは専門家でないとわからないため、薬剤師でもあり薬務行政の内情に詳しい長峯さんは厚生省（現・厚生労働省）の薬務行政を質《ただ》した。

「薬害エイズ問題は製薬の承認と天下りの悪弊に絞ることができます」

と長峯さんは舌鋒鋭い。

「医薬品の承認審査は厚生省の中央薬事審議会で行なわれます。問題なのは中央薬事審議会の委員でもある大学教授が、製薬メーカーの依頼で新薬の臨床試験も担当していることです。審議会委員であり、エイズ研究班の班長でもあった安部英《たけし》帝京大学副学長は、非加熱製剤をつくっていたミドリ十字から一億円近い研究費を受け取っていました。

私が厚生委員会で安部教授を厳しく追及すると、のらりくらりと話をかわすんです。私は思わず、『ここは学会ではない、国会です』と叱責したほどです」

このとき問題になったのは、厚生省の官僚がミドリ十字などの製薬会社に天下りしていたため、厳格たるべき薬事行政に手心が加えられ、薬事被害を大きくしたことだ。しかも製薬会社からは自民党の族議員に献金がされ、口封じが行なわれていたのだ。そういうことにも鋭くメスを入れていったため、マスコミからは「共産党以上に鋭い長峯議員」と呼ばれた。

また、性差のない社会実現のため、男女共同参画社会基本法制定にむけても尽力し、その実績を買われて、平成十一（一九九九）年十月、第二次小渕内閣が発足したとき、総理府総括政務次官に抜擢された。日本の社会はそれまでの護送船団方式が解消され、自己責任が重要視されるようになっていた。総理府統轄政務次官とは内閣官房と一体となって、政府の諸施策を推進する立場である。内閣委員会では内閣官房長官に代わって答弁することもしばしばだった。男女共同参画基本法の成立に従い、各省庁の女性雇用の比率を高めるよう尽力したのも長峯さんである。

この頃出された長峯基後援会の機関誌「政治に愛を」第二号に長峯さんはこういう文章を付している。

「温故知新《おんこちしん》――私は最近、聖徳太子の『十七条の憲法』を読みました。第一条で『和を以て貴《たっと》しとなし』と唱った『十七条の憲法』は、役人の心構えを示したものです。そして、その記述されている内容のほとんどは、依然としてこの現代社会にも通用するものです。

改めて全文を読み、推古《すいこ》天皇の摂政《せっしょう》として卓越した指導力を発揮した聖徳太子の偉大さをつくづくと感じました。特に第十五条『私《わたくし》に背《そむ》き、公《おおやけ》に向うはこれ臣《やっこ》の道なり』は、千四百年近く経った現代の政治・行政にも標《しるべ》となります（以下略）」

薬害エイズ追及に見せた舌鋒の鋭さの背景には、「私に背き公に向」おうとする精神があったのだ。

国会議員を辞めたいま、長峯さんが今度の政権交代を歓迎しているのは、戦後六十数年に及んだ自民党政治の間にできあがった政官財の癒着《ゆちゃく》を断ち切る格好のチャンスと見るからである。

次代を託す若い世代を育てるために

現実の政治をどうするか、これは死活にかかわる大問題であり、長峯さんは三十年以上の間、政治の世界で鎬《しのぎ》を削ってきた。しかしそうであればあるだけに、明日の日本を背負って立つことになる次世代の育成にも心を砕かざるを得ない。そんなこともあって長峯さんは学校法人長峯学園・理事長として都城市内で「さくら幼稚園」を経営し、幼児教育にも心血を注いでいる。

その長峯さんが注目したのは、安岡の孫である安岡定子さんが主宰する「文《ふみ》の京《みやこ》子ども論語塾」である。会場となっている東京・小石川の浄土宗傳通院《でんつういん》に何回も足を運び、古典が子どもたちの精神形成に与える影響をじかに見た。そこで長峯さんは平成二十一（二〇〇九）年一月、「さくら幼稚園」に安岡定子さんを招き、『論語』の素読会を開催した。

長峯さんは一人ひとりに用意した見台の前に座り、安岡先生の音頭のもと年長組の約五十名が、背筋を伸ばし、声を張り上げて『論語』を素読するのは圧巻だ。

「徳は孤ならず、必ず隣有り」

「巧言令色《こうげんれいしょく》、鮮《すくな》し仁」

「過《あやま》ちて改めざる、これを過ちという」

「人の己《おのれ》を知らざるを患《うれ》えず。人の知らざるを患う」

「君子は義に喩《さと》り、小人は利に喩る」

意味はわからなくても、そういう価値観がバイブレーションとなって体にしみこんでいく。その効果か、子どもたちがはきはきとなった。

子どもが家でお母さんと話をする。

「ママ、『巧言令色、鮮し仁』って、真心のこもった言葉をしゃべりなさいってことだよね」

お母さんは子どもの口から『論語』の章句が飛び出すのでびっくりだ。そんな効果を伝え聞いて、市内のもう一つの保育園が『論語』の素読を取り入れた。いいものが広がりだしたのだ。

こうした天地の理に日常的に接することは大変意義がある。子どもたちの潜在意識に刷り込まれるからだ。

そこで長峯さんは各小学校に、例えば「徳は孤ならず」のような『論語』の章句を刻んだ石碑を寄贈しはじめた。現在七校に寄贈したが、いずれ希望のある学校すべてに贈呈しようと思っている。

また特別養護老人ホームに、かつて京都大学総長を務めた平澤興《ひらさわこう》先生の詩を書いた色紙を送っている。

いまが楽しい
いまがありがたい
いまが喜びである
それが習慣となり
天性となるような生き方こそ最高です

それは長峯さん自身の現在の心境を表わした詩でもあるが、この詩に出合った経緯はこうだ。

「これは関西師友協会が発行している平澤興先生の『生きよう今日も喜んで』（致知出版社）に載っている詩です。平澤先生は豊田良平副会長を通して、同人にも広く知られるようになりました。

関西師友協会はさまざまなありがたいご縁を結んでくださいました。こうした建設的な詩に出合うと、現実の悩みなど吹き飛んでしまいます。これからもこんな考え方を広めるべく、私も努力していくつもりです」

最後に愛誦《あいしょう》している安岡の言葉を推薦してもらうと、長峯さんは『いかに生くべきか　東洋倫理概論』（致知出版社）から次の一節を選んでくれた。

「心を打たれ、身に染むような古人の書を、我を忘れて読み耽《ふけ》るとき、生きていてよかった！　という喜びを誰しもが感じる。そんな書物に出合うと、時間だの空間だのという側面を離れて、真に救われる。ああ、確かにそうだ！　といわゆる解脱《げだつ》に導かれる。そういう愛読書を持つことが、またそういう思索体験を持つことが、人間として一番幸福であって、それを持つと持たぬとでは、人生の幸、不幸は懸絶《けんぜつ》してくる」

長峯さんはこういう言葉に奮い立って、自分の人生の質を高めようと努力している。

「残念ながら、私が国会議員になったときには安岡先生はすでにお亡くなりになっていたので、お目にかかることができませんでした。でも先生の遺志を引きついで、立派な国づくりに励みます」

長峯さんには安岡の遺志を継いでいるという強い自覚がある。インタビューをしながら、私は長峯さんからさわやかな風が吹いてくるのを感じていた。

2　使命感を啓発された編集者高木道夫さん

編集者の心得を呼び覚ませてくれた安岡正篤

講談社に三十九年勤め、平成二十一（二〇〇九）年生活文化局次長を最後に定年退職し、その後二年間「週刊現代」の嘱託《しょくたく》を務め、いまは悠々自適《ゆうゆうじてき》の生活を送っている高木道夫さんにまつわる話を紹介しよう。

高木さんに出会ったのは、平成四（一九九二）年同文舘出版から上梓《じょうし》され、ロングセラーとなっていた私の処女作『安岡正篤の世界』と『安岡正篤人間学』を、平成十四（二〇〇二）年に文庫本に収録していただいたことからである。

高木さんはそれまで森哲郎著『マンガ「論語」完全入門』を手がけたこともあるほど東洋思想には興味を持っていた。安岡正篤については『経世瑣言《けいせいさげん》』（致知出版社）を読んで、「私欲を捨てて公に生きよう」という姿勢に共感し、この骨太の思想家に関心を持つようになった。

そこに拙著の編集作業を始めたので、ますます興味をかき立てられ、いくつかの著書を読んだ。たとえばダイヤモンド社から出されている『知命と立命』にはこうあった。

「君子は自《みずか》ら反《かえ》る〈自反〉、自らに反る、自分で自分に反る。ということは『論語』『孟子』の根本精神といってよい。人間が外にばかり目を奪われ、心を奪われてしまって、自分というもの、内面生活というものを見失いがちであることは、現代の最も深刻な問題の一つである」

そしてそれに続く文章は高木さんの身にいっそうしみた。

「あらゆる価値の世界、文明の世界、進歩の世界というものは、人間が人間自体に返る、自分が自分に返るというところから初めて築き上げられる。自分が自分に反るという、個人個人の心を通じて初めて発達するのである。言い換えれば、個人の偉大さというものの上に、社会・人類の一切がかかっているのである」

同じ本の中にこうも書かれていた。

「独歩ということは群集と一緒に歩くという意味ではない。自分が絶対的に自立自行するということだ。人の厄介《やっかい》にならない。自分自身が絶対、つまり相対を絶すること

だ。自主自立して歩くことが独歩である。そういう意味の独自、絶対的な自己というものをどれだけ自分が本当に知っているか」

読み進みながら、自立自行しようとする人々の精神生活に寄与できるような本を世に出したいと思った。編集者に託されたものが最後に見えてきたのだ。その思いが高木さんを、安岡が生前心血を注いだ埼玉県比企《ひき》郡嵐山《らんざん》町の日本農士学校の跡地に建つ安岡正篤記念館にまで足を運ばせ、緑陰の下で往時を偲《しの》ばせた。

その後、高木さんは講談社+α新書から拙著『安岡正篤　人生を拓《ひら》く』と『安岡正篤珠玉《しゅぎょく》の言葉』を出版してくださった。これから紹介する逸話は高木さんの編集者生活の掉尾《とうび》を飾る物語である。

『イワンの馬鹿』が因縁

平成二十（二〇〇八）年一月、高木道夫さんは町田宗鳳《そうほう》広島大学大学院教授が同社から出版した『愚者の知恵』（講談社+α新書）に編集者としてかかわった。町田教授は同書で、トルストイの翻訳者の故北御門《きたみかど》二郎さんの翻訳になる『イワンの馬鹿』

（あすなろ書房）を引用していたので、高木さんは著作権継承者から了承を得なければならないこともあって、北御門さんについて調べてみた。

するとと北御門さんは昭和十三（一九三八）年、徴兵検査を拒否し、昭和三十八（一九六三）年には、トルストイの翻訳を巡って、あるロシア文学の大御所に対して誤訳論争を起こした人であることがわかった。自分でもトルストイの翻訳書を数々出版し、それ以外にも『ある徴兵拒否者の歩み——トルストイに導かれて』（径《みち》書房）や『トルストイとの有縁』（武蔵野書房）を出版していた。

また『清貧の思想』（草思社）や『ハラスのいた日々』（文藝春秋）、『良寛の呼ぶ聲《こえ》』（春秋社）などの著書があるベストセラー作家中野孝次さんが、『新潮』（「人間の顔⑦　北御門二郎——トルストイへの愛を貫く農業者」昭和五十七年三月号）で採り上げたり、『サライ』平成十四（二〇〇二）年第四号がインタビューしたり、朝日新聞や東京新聞、あるいは熊本日日新聞でも採り上げられていることがわかった。それらを参考にすると、次のような経歴の持ち主だとわかった。

大正二（一九一三）年生まれの北御門さんは熊本にある旧制五高一年生のとき、初めてトルストイの『人は何で生きるか』（岩波書店）を読んで感銘を受けた。それからトルストイの愛読者になり、三年のとき『アンナ・カレーニナ』（春秋社、岩波書店）を読んでさらに感銘を受け、トルストイなしでは夜も明けなくなった。

その後、東京帝国大学に進み、トルストイを原文で読みたいと思うようになった。というのはトルストイ自身がホメロスの叙事詩をどうしても原文で読みたいと思い、ギリシャ語を勉強したという話に触発されたのだ。

トルストイは原語と翻訳の違いを、

「翻訳のホメロスは蒸留水、原語のそれは泉の水。この泉の水はそれに浮かぶ木の葉の匂いや草の根の香りがする」

と説明していた。そこで北御門さんは東京でロシア語の基礎を身につけると、満州（中国東北部）のハルピンに渡り、ロシア人の家に同居して七か月間みっちり研鑽した。半端ではない打ち込みようだ。

トルストイを原文で読めるようになって、北御門さんにとってトルストイはますます「光のような存在」になった。単に作家と読者という関係を超え、自分の生き方を変えるほどに心を動かされた。当然北御門さんは思想的には絶対非暴力主義者になった。

生死を賭けて徴兵検査拒否

昭和十三（一九三八）年、北御門さんは肺結核を患ったのでハルピンから帰国し、大学を中退して、熊本の田舎に帰ってきた。大学を中退すると兵役免除はなくなるので、早速徴兵検査を受けなければならない。徴兵を拒否すれば、軍法会議にかけられ、死刑に処せられるかもしれないと恐れられた。

昭和十三年といえば国家総動員法が制立し、国をあげて日中戦争に突入した時代である。北御門さんは不退転の決意で、「ノー！」と意思表示することにした。「人を殺すくらいなら、殺されたほうがマシだ」と言うのだ。そして死を覚悟して徴兵検査を拒否して失踪した。

しかし家族の必死の捜査によって、無事発見され連れ戻された。そして徴兵検査を受けに連れて行かれたが、北御門さんは検査官の前で拒否し、朝鮮や満州、中国民族にお詫びしようと決意していた。

しかし、検査官は北御門さんに真正面から戦争反対を叫ばれ、社会問題化されたくなかったのか、精神異常者として処理してしまい、兵役とは無関係としてしまった。

そこで北御門さんは父の別荘がある人吉市の奥の山里にひとり移り住んで、農業を始めた。農業は何物をも殺さないので、最高の仕事と思われた。それにトルストイ自身が貴族でありながら農業者となり、晴耕雨読の日々を過ごしていたから、トルストイにならったともいえる。とはいえ、村人からは、

「天皇陛下のご命令に背いた非国民！」

とののしられて村八分にされ、非国民を殺す！と息巻く者もいた。しかしそれも兵役拒否者が受けなければならない辱《はずかし》めだと思い、忍耐した。

そんな北御門さんを、昭和八（一九三三）年の京大事件で教授を辞職することに追い込まれた瀧川幸辰《たきがわゆきとき》京都帝大教授や河上肇《かわかみはじめ》京都帝大教授が訪ねてきて励ました。

北御門さんにとってトルストイは、「光が差し込んでくる窓」だった。生き方や考え方について教えてくれただけでなく、キリストやカント、モンテーニュ、孔子、荘子など、偉人といわれるような人々に彼の著作を通して出会っていた。だからその窓から光がよりよく差し込むように、自分の窓をせっせと磨いたのだ。

トルストイ訳の誤訳論争に点火！

北御門さんはトルストイを原書で読み、折に触れて翻訳書を参考にするという読み方をしていた。だから翻訳がどうもしっくりこず、いわば隔靴掻痒《かっかそうよう》の感じを抱いていた。あるとき原書と翻訳を丹念に照合してみて、あっと驚いた。『アンナ・カレーニナ』の場合、日本ロシア文学会会長も務めている中村白葉氏が七百か所もの誤訳をしていると思われたのだ。

（まさか、こんなことがあろうはずがない）

トルストイが単なる一ロシア文学として蕪雑《ぶざつ》に翻訳されているとしか思えないのが残念でならなかった。

そこで昭和三十五（一九六〇）年二月、文芸同人誌『詩と真実』に、「翻訳の偉大と悲惨」という一文を寄せ、中村白葉氏の誤訳を指摘した。

「原著者（註・トルストイ）の面目を思い、読者の立場を考慮する時、黙する能《あた》わずという気持ちになりました。もしも私が思い違いをしているのなら、納得のゆく説明をたまわりたい。もしそうでないなら、早速改訳の筆を染めて戴《いただ》きたい。こう訴えずにはいられません」

これが東京新聞（四月十三日付）の「大波小波」欄で報じられ、世間の注目を集めた。それに対して、東京新聞（四月二十三日付）に米川《よねかわ》正夫早稲田大学教授が反論を寄せた。米川教授は東京外国語学校（現・東京外国語大学）で中村白葉氏の一年後輩にあたり、『ドフトエーフスキイ全集』の翻訳で読売文学賞を受賞したロシア文学者だ。米川教授は、

「他人の翻訳の揚げ足取りは誰にでも出来る。要は自分で完全な仕事をしなけりゃ意味がない」

と斬って捨てた。つまり、いろいろ言うんだったら、自分で模範となる訳をしてみせろと突き放したのだ。

北御門さんは「人のあら探しを好む意地悪な男」とレッテルを貼られ、指摘したことはまともに採り上げられなかった。後日、北御門さんは『ある徴兵拒否者の歩み』にこのときのことを血の叫びのように書いている。

「単なるいわゆる誤訳は、語学が達者で慎重であるだけでも防げるであろう。だけど原作者と訳者の精神的交流なくして、原作者の喜びや悲しみ、憂いや憤《いきどお》りを訳者が

切実に頒《わか》ち合うことなくして、真にすぐれた翻訳が生まれよう道理はないのである」
　このままではトルストイの真意が伝わらないと思った北御門さんは、出版社から依頼があったわけでもなく、出版の当てがあるわけでもないのに、コツコツ翻訳を始めた。北御門さんは翻訳の動機をこう書いている。
「畢竟《ひっきょう》トルストイは小生にとり、そこから光が射してくる窓なのです。これがトルストイズムか、どれ拝見！　といった白々しいものではないのです。（略）
　この窓から射す光に小生は顔を背《そむ》けることはできません。それは小生の生存を支えるもの自体なのですから。その光に照らし出された自分の姿がいかに汚れていても、穴あらば入りたい想いがしても、顔が背けられないのです」（前掲書）
　そんな気持ちで取り組んでいたトルストイ訳だったことが、作家の中野孝次さんが「一日どのくらい翻訳されているのですか」と質問したことに対する答えの中で、いっそう浮き彫りにされている。
「百姓仕事のような単純な労働をしていると、返って〝思う〟ことができるものなのですよ。同じ農作業をしながらですね、いま翻訳にかかっている部分の文章を反芻《はんすう》したり、文章の意味やその訳語を考えていくんですから、とてもそんなには先へは進めません。雨で農作業は休みのため、一日中やっても（四百字詰め原稿用紙で）せいぜい五枚です。肉体労働が血のめぐりを活発にするから、働きながら訳してゆくのはかえっていいのですよ」（前掲書）

中野さんが職業的翻訳者の中には一日に四十枚ぐらい翻訳する人もいると答えると、「そりゃ暴走です」とあきれ返った。

中野さんは北御門さんのインタビューを終えて帰京すると、昭和五十七（一九八二）年の正月、改めて北御門訳の『戦争と平和』（東海大学出版会）に読みふけった。そしてこう書いた。

「なるほど、これはそれだけの時間をかけた訳だけのことはあると、他訳とときおり比較してみながら感嘆した。作品がいま生まれたもののようにみずみずしいのであった。

その訳文をようく見ると、氏の訳の特徴はまさしく氏が『トルストイが日本語で書いたらこうなるだろう』と考えながら訳したというとおり、逐語訳ではなく、字面にとらわれず、内的生命を取り出して日本語にするところにある」（前掲誌）

そして米川訳よりも北御門訳に軍配を上げざるを得なかったと書いた。

昭和四十（一九六五）年、五十二歳になった北御門さんは初めて、トルストイの戯曲『生ける屍《しかばね》』の翻訳を出版した。すると多くの人から反響があった。その一人が『冬の宿』（第一書房）や『光と影』（新潮社）などの著書がある阿部知二《あべともじ》さんで、分厚い手紙にこう書いて称讃した。

「言葉の流れのリズミカルなることに胸をそそられる如き快感を味わいました。〝女性的〟とおっしゃっていますが、そういう美しさから来ているのでありましょう。また女性的とは、日本語を洗練して行くと、良かれ悪しかれどうもそうなるのではないかと、じつはこれ又訳文がともすれば〝女性的〟と言われる小生が、ひそかに日頃より考えている所でもあります」

こうして北御門さんの文章力に賛同する人が増えていった。

北御門さんの誠実な人柄

中野孝次さんは北御門さんの人柄によほど感銘を受けたのだろう、北御門論の冒頭にこう書いている。

「（訪ねて）来て、実際に、目のあたりその人を見たのでなければ、いまの世にまだこんな人物が存在しえたという事実がとうてい信じられなかっただろう。

柔和な人である。真正直で、自然で、湧き出る水のように清らかな人である。気負いも、気取りも、衒《てら》いもない。あるがままにその人がそこにいて、相対しているだけで、こっちの胸の中まで滾々《こんこん》と温かい澄んだ水が流れてくるような気にさせられてしまう」

そして福音書の一節、

「幸福《さいわい》なるかな、柔和なる者。その人は地を嗣《つ》がん」

が自然に思い出され、

「心の貧しき者、義に飢え渇く者、憐憫ある者、心の清き者、平和ならしむる者、というような表現が現実のものとしてまざまざと甦《よみがえ》るのを覚えながら。その人と話している楽しみに酔っていた」

という。中野さんは北御門さんとロシア語の大家たちとの間に交わされた誤訳論争を知っていたので、北御門さんに対して、

「トルストイをわが仏尊しとする頑《かたく》なで狭量な一個の肥後もっこすに会うことになるのでなければよいが……」

という一抹《いちまつ》の懸念を抱いていただけに、逆に感銘を受けたのだ。

従って誤訳論争も、北御門さんには手柄を立てようなどという私心はまったくなく、トルストイがそれらの小説を書いたときの精神の高みに一歩でも近づきたいと希求してのものだったのだと確信したのだ。

昭和五十三（一九七八）年には、文芸評論家の小林秀雄氏も北御門さんを山里の自宅に訪ね、こう書いている。

「私は、北御門君の市房山麓《いちふさ》の家を訪ねたことがあるが、非常に強い印象を受けた。今日ではもう忘れられて了《しま》ったトルストイアンといふ言葉が、北御門君の住居全体から突如として甦《よみがえ》り、その生ま生ましい感触に驚いたのである」（『熊本展望』）

こういうふうに北御門さんの評価が徐々に高くなっていき、この年（昭和五十三年）、評論家の小林秀雄、本多秋五《ほんだしゅうご》、作家の埴谷雄高《はにやゆたか》、石牟礼《いしむれ》道子さんらによって、トルストイの代表的三部作を北御門訳で出版しようという「北御門訳三部作出版期成会」が結成された。

こうして北御門さんが五十歳ごろからコツコツ続けてきた翻訳がようやく日の目を見ることになった。平成十二（二〇〇〇）年から翌年にかけ、東海大学出版会からトルストイの代表的三部作『アンナ・カレーニナ』『復活』『戦争と平和』が出版された。このとき北御門さんはすでに八十八歳になっていた。信じられないような出来事である。

北御門さんの最晩年は寝たり起きたりになり、霊界と地上界を行ったり来たりして、トルストイともしばしば歓談したという。そして平成十六（二〇〇四）年七月十七日、九十一歳と五か月で、清冽《せいれつ》な人生を閉じた。

その翌朝、朝日新聞は北御門さんの死を悼《いた》み、トルストイが古今の警句を引用して書いた『文読む月日』（ちくま書房）の訳者まえがきを載せた。

「この書の翻訳に取り組んでいるあいだ、私はこの世の憂《うれ》いをいっさい忘れた。いわば私は祈祷の文句にある、〝病いも悲しみも嘆きもなく、ただ終わりなき命のある国〟の住人だった」

まさに大往生だった。

北御門さんの家で未発表の翻訳原稿を発見！

北御門さんについての知識を仕入れると、高木さんは平成十九（二〇〇七）年五月、北御門二郎さんの著作権継承者である長男のすすぐさんを熊本県球磨《くま》郡水上町湯山の自宅に訪ねた。

湯山は熊本県南部を流れる球磨川をさかのぼったところにあるひなびた集落で、あと五キロメートルも行くと宮崎県との県境になり、山向うは平家の落人の里ともいわれる辺鄙《へんぴ》なところである。父親の跡を継いで農業を営んでいるすすぐさんは、「こんな山奥までよく来てくださいました」と恐縮し、高木さんを書斎に招きいれた。転載については否応もなく了承し、故人の思い出話となった。

書棚には父親の翻訳になるトルストイの本が並べてあった。すすぐさんがお茶を淹《い》れに中座した折、それらの本を取り出して見ていると、本と本の間に大学ノートが三冊挟まれているのを発見した。

それを手に取ってぱらぱらめくってみると、トルストイの自叙伝的小説である『幼年時代』『少年時代』『青年時代』の翻訳が書かれているではないか。これにはもうびっくりした。

用事をすませて書斎に戻ったすすぐさんに、これはもう出版されたのですかと訊くと、まだですとの返事。トルストイの北御門訳は百数十冊もの大学ノートにびっしり書かれているが、まだ出版されていないものが残っていようとは思ってもみなかった。

高木さんは自分の手で本稿を編みたいと思ったが、文芸書は生活文化局の職掌《しょくしょう》外である。出版できるかどうか一抹の不安を抱きながらも、出版を検討したい旨を伝えると、すすぐさんは、「父が心血を注いで行なった翻訳が世に出るのであれば、これ以上の喜びはありません」と快諾した。

実は高木さんはそのとき五十九歳で、六十一歳の定年が迫っていた。ということは、出版が決まればこれは高木さんの三十九年にわたる編集者生活の最後の仕事になる。トルストイの『幼年時代』『少年時代』『青年時代』の北御門訳を世に送り出せるとしたら、これほど素晴らしいことはない。

編集者の矜持

東京に飛んで帰った高木さんは早速仕事にかかった。『幼年時代』『少年時代』『青年時代』はすでに岩波文庫から藤沼貴訳で、新潮文庫からは原卓也訳で出版されていた。しかし北御門訳はとても格調高く魅力的で、日本語に奥行きがあった。

そこで会議に諮《はか》ってみると、反響はいま一つだった。

「今の時代にトルストイはどうなんでしょうか。読者はもっと手軽な読み物を求めているんじゃないでしょうか」

そんな意見に高木さんは反論した。

「今の時代が要求するものは何かという点で、そういう見方もあるでしょう。でも、私はどう生きるかを大上段に構えて問うている、こういう硬派の文学もあっていいんじゃないかと思います」

こうして出版が決まると、装丁を鈴木成一氏、装画を銅版画家の山本容子氏に依頼した。北御門さんの原稿を生かす最強のスタッフである。平成二十一（二〇〇九）年一月に刊行された北御門訳三部作を高木さんは手にして感慨深かった。

「北御門先生の遺稿を発見したのは偶然のように見えますが、あれは偶然ではなかったように思います。一つひとつの仕事を誠心誠意こなしてきたから、それが天に通じ、たとえば今回のようなごほうびがいただけたのではないかと思います。編集者生活をトルストイの本の出版でしめくくることができて本当に幸いでした。なにしろ、出版物はその国の文化を示すものですから」

インタビューの最後、高木さんが漏らした言葉に、出版に携わった者の矜持《きょうじ》が感じられた。白いものが混じりはじめた高木さんの顔には満足そうな表情が浮かんでいた。

３　日本農士学校の再興を図る自然農法家今野時雄さん

すわ！『沈黙の春』の再来か

東京・池袋から北へ一時間ほど行った所にある埼玉県小川町で、四群のニホンミツバチが死んだ！

「ひょっとするとこれは『沈黙の春』の再来ではないか！」

同町で、不耕起、無肥料、完全無農薬で自然農を営んでいる今野時雄さんたちは色めき立った。従来の有機リン系農薬にとって代わり、現行の主農薬となりつつあるネオニコチノイド系農薬の被害ではないかと危惧《きぐ》したのだ。

実は七年前、岩手県を初め、各県の自治体でミツバチの大量死が起きていた。日本在来種みつばちの会の会長を務める藤原誠太さん（盛岡市の藤原養蜂場長）が死蜂を検査機関に分析依頼すると、〇・〇二一ＰＰＭのクロチアニジンが検出された。その後も各地でミツバチの大量死が続出し、大騒ぎとなっている。

人類は食糧の大半を植物に依存している。そして植物の受粉の八〇パーセントはミツバチが行なっている。従ってミツバチの大量死は農業に深刻な打撃を与える。アメリカでも四分の一のミツバチが巣箱から逃げ去ったり、死滅する現象（蜂群崩壊症候群）が起きており、ミツバチ不足は世界的な問題になっている。

実はこの問題はかつて大問題となり完全禁止となったＤＤＴ汚染と直結しているのだ。

一九四三年に実用化されたＤＤＴは害虫の駆除能力が高いことから大量に空中散布され、「夢の化学物質」と称讃されて、現代農業は大きな恩恵を受けた。そのため一九四八年、ＤＤＴの発明者パウル・ミュラーはノーベル賞を授与されたほどだった。

ところが米国の生物学者レイチェル・カーソンが『沈黙の春』（新潮社）で、ＤＤＴの空中散布によって生態系に異変が起き、昆虫が死滅していることから、それを餌にしている小鳥のさえずりが春になっても聞こえてこないと、ＤＤＴ使用に警鐘を鳴らした。それによってようやくＤＤＴの深刻な被害に目覚めたケネディ大統領（当時）は殺虫剤の研究を命じ、ＤＤＴを全面的に禁止した。

ネオニコチノイド系農薬の恐怖

危機感を抱いた今野さんは、環境・歴史・文明の専門誌『環』（二〇一〇年夏季号第四十二巻）に、「『沈黙の春』の再来か――ネオニコチノイド系農薬の恐怖」と題して論文を発表した。そのセンセーショナルな内容が人々の注目を集め、俄然《がぜん》話題となった。そのメッセージを要約するとこうだ。

「一九九〇年代に入って有機リン系農薬にとって変わりつつあるのがネオニコチノイド系農薬だ。『害虫は駆除するけれども、体にはやさしい』という謳《うた》い文句だ。

しかし、この農薬は浸透性が強く、無臭で水溶性であるため、河川の水に溶けやすい。そのため、水生動物が死滅するだけでなく、河川の水を飲んだミツバチも脳神経をやられて死滅することになる。作物の根から養分とともに吸収されたネオニコチノイド系農薬は、実や葉に残留するため、それをかじった昆虫は死滅する。そうした理由から、ミツバチの大量死はこのネオニコチノイド系農薬が原因ではないかと推量する。

体重比較で換算すると地中の生物の八〇パーセントにあたるミミズや、土壌細菌や微生物が死滅すると、土壌が死んでしまう。土壌が死ぬと農業はますます化学肥料に頼らざるを得なくなり、悪循環に陥ってしまう。

ネオニコチノイド系農薬の地下への浸透は七日間で一〇五センチメートル、残留農薬の半減期は四か月から一年なので、地下水や河川は確実に汚染されてしまう。最近、トンボやアメンボやミズスマシやホタル、それに蛙やイモリも見かけなくなったが、これは生態系に重大な異変が起きている証拠だ。だから『沈黙の春』の再来ではないのかと危惧するのだ」

今野さんの問題提起は、人々がうすうす気づいていることの真相を明らかにしてくれた。今野さんはさらに訴えた。

「秋になるとどこの田んぼでもスズメを追い散らすガス鉄砲が鳴り響いたものだが、それがトンと聞かれなくなった。これはスズメが農薬を浴びた昆虫を食べて中毒死しているからか、あるいは昆虫そのものが減ってしまい、それを餌としているから餓死しているかに違いない。

ネオニコチノイド系農薬は水溶性なので、スズメは稲に吸収され、残留農薬が蓄積されたモミを食べて死んだのではないか。キジバトの主食も落ち穂なので、最近キジバトを見かけなくなったのもこの農薬の中毒死ではないか。

昔は磯にはフナムシがいっぱいいたのに、最近はそれが減っているのも、ネオニコチノイド系農薬の空中散布が原因ではないだろうか。ネオニコチノイド系農薬の危険性に気づいた欧州では、オランダが二〇〇〇年、仏が二〇〇六年、ドイツ、イタリアは二〇〇八年に禁止している。

ところがまだ日本では何の規制もされていない。これでは農水省役人の天下り先が農薬メーカーだからだと揶揄《やゆ》されてもしかたがない」

今野さんの告発論文は歯に衣を着せず、鋭かった。現に農業を営んでいる人からの告発なので、人々の注目を集めたのだ。

なぜ自然農に目覚めたのか

今野さんはパナソニックの情報通信機器を企業に販売する会社を経営していた。しかし早くから農業に関心を持ち、第二の人生は農業をしようと考えた。そして福岡正信さんの『わら一本の革命』（春秋社）を読み、自然農法に関心を持つようになった。

また同じ農業観に立つ奈良の川口由一《よしかず》さんや、「奇跡のリンゴ」で有名になった青森の木村秋則《あきのり》さんに共鳴し、草や虫や土中の微生物を大切にする不耕起農業をやり出した。

その実践を踏まえて、今野さんは自然農の良さをこう説明する。

「私は実践してみて、福岡さんや川口さん、それに木村さんたちの主張に一つひとつ納得できました。自然界を見ると、たくさんのいのちが豊かに栄えている場はどこも耕していませんよね。休耕田にうっそうとした草が生えているのは、それだけ草木が繁茂できる舞台になっているからです。

これは耕やさないで自然に任せているから、豊かな土壌になったのだと考えられませんか。自然界の草木たちは生きるに必要な養分を空気中から集め、太陽の恵みを存分に受けて繁茂しているんです。

耕すということは、微生物や土壌細菌が住んでいる家をガタガタに壊していることになります。耕作と農薬によって彼らの活動を断ち切っているから土が固くなるのです。土が固くなるからまた耕し、化学肥料をやり、微生物や土壌細菌を死滅させるから、土壌はますますやせるんです。だからまた化学肥料に頼るという悪循環をくり返しています。

この悪循環を断ち切り、微生物や土壌細菌が活動するのを辛抱強く待ったら、必ず土は復活し、ふかふかになるのです。

木村さんは『畑で毎年大豆と麦を五年間育てれば、地力が回復するよ』と言っていますが、これは大豆の根にある根粒《こんりゅう》細菌によって空気中の窒素が土中に固定され、地力がつくからです。

ちなみにライ麦は支根の総数が約千三百万本あり、それをつなぐと六百メートルもあります。そこには微細な毛根が百四十億本生えていて、ライ麦の根が枯れて土に返るとそこが空気孔となり、ふかふかの土壌になっていきます。木村さんはそういう例をあげて、自然の知恵を活用しない手はないと言います。

小さじ一杯の土に一億個から十億個のいのちが棲息《せいそく》しているといわれます。これらが出す糞《ふん》や死骸《しがい》が天然の養分になります。田畑を一年休ませて草茫々《ぼうぼう》にしておくと、翌年作物が育つのはこの理由からです」

表土が一センチできるのに千年かかるといわれるが、人間はその自然の営みを大切にしなければと今野さんは説く。かつて会社を経営していただけあって、数字をあげての説明は説得力がある。そこには大自然の前にあくまでも謙虚な人の姿があった。

金儲けを採って、大切なものを犠牲にするか

しかし私が、自然農が今ひとつ広がっていかないのは、そこに何か問題があるからではないでしょうかと問うと、今野さんの答えははっきりしていた。

「それは農業者の価値観と深く関わっています」

ここでも今野さんの指摘は鋭い。

「自然農は化学肥料を逐使する現行農法に比べて、反収（一〇アールあたりの収穫量）が三分の一から半分しかありません。化学肥料を施せば二毛作ができますが、不耕起の自然農では四分の一毛作しかできません。だから農家は『効率が悪い』だの、『儲からない。それじゃ食えない』などと言って敬遠します。

私も最初の数年はまったく収穫はありませんでした。でも不耕起、無肥料の田畑で大豆と麦をつくり、草を茫々にして、地味が肥えるのをジッと待ちました。収入がないんですから、辛い日々でした。

しかし五年目に入った頃から何か変化が現れ、収穫できるようになってきました。最初は一〇アールしかない狭い田畑でしたが、今では買い足して六ヘクタール作るようになりました。だから急いではいけないのです。微生物や土壌細菌の働きを信じてジーッと待ち、彼らと共生しようと心がけると、そこからみんなが喜べる新しい世界が生まれて来るのです」

それに自然農を営んでいると、多くの生命から喜びを与えられ、彼らと共生しようという思いが強くなってくるという。

「一回でも農薬を散布すると、葉面のクチクラ層が破壊されてしまうから、ずっと散布し続けなければならなくなるんです。化学肥料も耕作機械も要ります。効率や金儲けを優先すると、支払わなければならない代価が致命的に多くなるんです。

ところが自然農を営んでいると、お金はかかりません。畑を歩くと無数の昆虫や小動物が一斉に飛び出すので、思わず歓喜の声をあげてしまいます。そこには多くの生命が躍動しており、癒しがあり、詩があり、ファンタジーがあります。鳥がさえずり、ニワトリが鳴き、犬が吠えて、小川のせせらぎが聞こえてきて、人間に安らぎを与えてくれます。

質素ではあっても、大地に足がついた健康な生活があるのです。金銭には変えられない豊かな精神生活があります。だから私は自然農の虜《とりこ》になってしまいました」

と今野さんは屈託がない。この屈託のなさも自然農的生活からいただいたものだという。そこには大自然の前にあくまでも謙虚である人の姿があった。

目を開いてくれた安岡教学

それでも今野さんのように無農薬による自然農法を手がける人は、近年徐々に増えてきた。人々の健康意識の高まりと共に、インターネットの普及によって直接注文する人が増え、販路が開けてきたのだ。

今野さんは自然農だけに留まらず、教育の分野にも眼を向けるようになった。

「古来から人間教育は、文武両道が必要だと言いますね。そこには経験に裏打ちされた、人間性への深い洞察があるように思います」

今野さんは健全な精神を養うためには、学問を通して聖賢の学を学び、宇宙の叡智《えいち》をつかむ必要があると考えるようになった。

その意を強くしたのは、子どもたちへの論語教育で知られた伊丹市の丹養《たんよう》塾幼稚園の吉田良治《りょうじ》園長（故人）の紹介で、埼玉県比企《ひき》郡嵐山《らんざん》町にある郷学《きょうがく》研修所が主催する安岡教学セミナーに参加したことからだ。そこで農業と古典教育による人間教育を目指して、日本農士学校を運営した安岡正篤を知った。

今野さんは農作業を終え、夕食をすますと机に向った。安岡の本に惹《ひ》かれ、その中に天地の理《ことわり》を尋ねた。読書は自ずから安岡との対話となり、古今の聖賢たちのとの対話となって、読書の時間を充実させた。そんなある夜、『活学』（第二編・関西師友協会）の次の文章が心に響いた。

「人間は逆境・難境に遭遇すると、如何に学問が大切であるかという事がわかります。真の学問をやっておれば、しみじみ問題を考えることができる。考えることができれば、自ずからそこに光も差す、期待もわく、又楽しみも生じてくるものです。だから人間はやはり学問をしなければいけません。

と言っても形式的な、功利的な、世俗の学問では駄目でありまして、老荘や禅で言うところの絶学の学、良知《りょうち》の学、正学を学ばなければいけない。またそういうところにわれわれの学道、講学の一つの妙味があるわけです」

安岡は逆境を乗り越えるためには学問が必要で、それも世俗の学問では迷いをふっ切れないので、やはり聖賢の学を学ぶのがいいというのだ。

「人間、学問をしないと、散漫になるか、失望して荒《すさ》んでしまうか、ろくなことはありません。学ばざるが故に惑《まど》いが多い。惑うが故に誤りが多い。われわれも心して生きなければならぬとしみじみ考えます」

安岡は農業だけでは駄目で、聖賢の学も学んでこそ、惑いを払拭できると言う。

そこで今野さんも自然農的生活と聖賢の学を学ぶことを車の両輪と考えるようになった。

『論語』の素読を開始!

こうして平成二十（二〇〇八）年四月一日、数名の塾生とともに『論語』の素読を始めた。今野さんたちは素読塾の冒頭で高らかに、

「継続は力なり。読書百遍意自ずから通ず」

と唱和する。文言《もんごん》の解釈はせず、ただ素読して肌に響きを感じさせる。頭でっかち

で理屈好きな現代人はすぐ文言の解釈に走ろうとするが、それを厳に戒めて、ひたすら素読に徹するのだ。

不思議なもので、何百回も素読をくり返しているとソラで暗記してしまい、農作業をやっていると、文言が浮かんできて、

「ああ、あれはそういう意味なのか！」

と解釈できるようになる。古典が頭ではなく、体にしみ込んでくると感じるのはこうしたときだ。素読は『論語』から始めて、順次『大学』『中庸《ちゅうよう》』『孝経』『教育勅語』『般若心経』へと広がっていった。

五名の塾生と素読を始めたとき、今野さんは安岡が昭和六（一九三一）年、同地に設立した「日本農士学校」の再建を夢見た。だからこの私塾に「私塾日本農士学校」と名づけ、思いを込めて再建趣意書を書き上げた。関係各位に図っていたら、議論が空回りするばかりで、一向に前に進まない懸念がある。そこでとにもかくにも行動を起こそうと素読を始めたのである。

次に今野さんが書き上げた趣意書を掲げよう。

私塾日本農士学校創立理念

言うまでもないが、人間にとって教育ほど大切なものはない。国家の運命も教育如何《いかん》にある。我々は、教育の荒廃を憂えるものである。その原因は科学教育の偏《かたよ》りにあり、道徳教育を中心とした教学の軽視にある。倫理観の喪失、道徳の退廃はその極に達している感が否めない。私利私欲に堕した「偽《ぎ》」の世界は、商品の生産・流通のみならず、農業を始めあらゆる分野で蔓延している。また、国の生命線である諸問題が無責任な未解決状態に甘んじている。凛とした国、それは凛とした国民に依《よ》らねばならない。

教学は、人の心の真実を探求する普遍的な学問である。身を修め、志を立て、信念をもって道を歩まんとする質実剛健《しつじつごうけん》な青少年を育てる人間活学である。

自然農は、自然の営み生命《いのち》の巡りに添った農の営みであり、耕さず草々や虫たちを敵としない天地の造化《ぞうか》に委《ゆだね》た究極の農的生活である。そこには「偽」がない。社稷《しゃしょく》は無代の天徳である。故に我々は天地の化育に参賛し、身心ともに喜び、生かされていることに気付き、敬《けい》と感謝の念に包まれる。

天徳には人徳をもって報いねばならない。自然は至高《しこう》の尊師《そんし》である。よって、農作業は学びであり奉仕となる。

我々は念《おも》いをここに潜《ひそ》めて、世の指導的人物たるには如何《いか》なる学問修行に励むべきかを研究し、中江藤樹《なかえとうじゅ》や二宮尊徳《にのみやそんとく》、碩学《せきがく》安岡正篤らの道統《どうとう》を継ぎ、自然農生活と教学に特化した知行合一《ちこうごういつ》を希求し、強恕《きょうじょ》な人傑《じんけつ》を育てるべく、茲《ここ》に地を卜《ぼく》して日本農士学校を創立し、素志の達成に努力するものである。

本校は、空無我《くうむが》の真心《まごころ》からなされる完全なる慈善《じぜん》である三輪空施《さんりんくうせ》（布施《ふせ》）によって運営・維持される。

実に高潔な宣言である。その言や良し！　今野さんの悲願が成就することを願って止まない。

二次産品によって産業の育成を図る

今野さんは農作物や稲の収穫だけで終わりたくないと考え、その収穫物から味噌、醤油、豆腐、納豆、梅干、天然酵母パン、生ラーメン、生うどん、蜂蜜などの加工品をつくり出している。それは自給自足するだけではなく、食品工場などで雇用を創出し、幸福度の高いコミュニティ(新自治)をつくりたいという思いがあるからである。

それにはモデルがある。

明治時代の初期、二宮尊徳の思想で静岡県の寒村に過ぎなかった庵原《いはら》村(現・静岡市)が立ち直り、豊かに農産品を産み出すようになっただけではなく、製メン、製パン、搾油、醤油醸造、精糖、および酪農製品を産み出すようになり、豊かな村に生まれ変わった。

庵原村の復興については、不良少年を農的生活で更正させた東京の巣鴨家庭学校や北海道家庭学校を創立し、社会福祉の先駆者となった留岡幸助《とめおかこうすけ》が、明治三十八(一九〇五)年、この庵原村で「農業と二宮尊徳」と題して講演を行なっているが、この講演はものの見事に庵原村復興運動の本質を突いていた。

今野さんは偶然、その講演録を入手し、わが意を強くした。農業は凛とした精神に裏打ちされてこそ、真価を発揮するのだ。少し長いが引用しよう。

抑《そもそも》農業なる物は天然自然を相手にするものであるから嘘偽りがあってはならぬ。二宮先生は、人間というものは真面目でなければならぬということを頻《しき》りに説かれた。そして、「もし、一人の心の田地を開拓出来れば、百万町の荒蕪地《こうぶち》があっても、最早憂うるに足らない」と云われた。

私の浅い研究から申し上げますれば、二宮先生は土地を拓《ひら》くのは第二の目的であった。第一の目的は人間の心を啓《ひら》くということである。報徳というものは人間の心を清浄潔白にするのが趣意である。天徳に報いるのが報徳である。

その天徳とは何か。五穀でも魚類でも我々が是を得るのは天の賜《たまもの》である。初鯛一尾が二円するとせば、これを本当の値打ちであると思うのは間違いである。その真価は百万両するかも知れない。二円というのは漁夫が海へ出て獲《と》る処の労銀である。鯛は天から無料で貰って居る。

米一石が十三円とするなれば、それは米の真価ではない。農夫が田へ出て作り上げた労銀である。米一石の真価は百万円するかも知れない。それを我々は天から無代で貰って居る。

我々は天と共に仕事をしているのである。天は其の仕事の幾部分を我々に託したのである。而《しこう》して我々は衣食住の大部分を無代価で天より貰って居るのである。我々は其様にして天の徳を蒙《こうむ》って居る。故に我々は此の天の徳に報いるに人間の徳を以てしなければならないというので報徳教というものが起こってきた。

報徳事業のなかで、農業が一番良いもので、また貴いものである。なぜ貴いかというと大小便や土壌を取り扱うのが貴いのではなく、其の土の中に熱血赤誠を注ぎ込んで居るからである。真面目が貴いのである。

其の故に、同じ農業でも算盤玉《そろばんだま》ばかりで凡《すべ》てを弾き出すのは、報徳の趣旨に適《かな》わないのである。己の誠を田面《たのも》に移せという諺《ことわざ》があるが、赤誠という肥料を田《でん》畝《ぽ》に施《ほどこ》す。そうすると多くの収穫を為すことが出来る。是が報徳の事業でありま す。報徳の事業は物質的事業であるが、ずっと奥に這入《はい》ると、精神的事業で御座《ござ》ります。

今野さんは明治時代、庵原村で達成されたことをここで実現し、そのノウハウを全国に展開し、ひいては「国家百年の計」につなげたいと考えている。

溌剌とした精神の重要さを自覚した今野さんは、ますます古典の素読に力を入れている。この改革運動は一隅を照らし出すだけのささやかな運動で終わるかもしれない。しかし、口先だけの評論家的人間が多い現代にあって、知行合一の猶興《ゆうこう》の士でありたいと思う。

今野さんは三年間の試行期間を経て確信を持ったので、いよいよ今年（平成二十三年）私塾日本農士学校塾生の公募を行い、新たに十名を補充しようとしている。

当年七十歳。まだまだ気力に富んでいる今野さんにモットーを聞いた。するとすかさず今野さんの口を突いて出たのは松下幸之助さんの言葉だった。

松下さんは経営者たちから成功の秘訣を訊かれて、ひと言こうつぶやいたという。

「思うことやなあ」

昔、経営していた会社がパナソニック系列の販売会社だったこともあって、松下さんのものの見方、考え方には共感するところは多い。

今野さんは日本農士学校の復興を願って行動を興したが、その悲願を成就するため思い続けたいと言う。夢を語る今野さんは青年のように熱かった。

第3章

人生の師父安岡正篤

1　グルメ回転寿司で成功した堀地速男さん

グルメ指向の回転寿司誕生！

「さあ、いらっしゃい！」

ドアを開けてグルメ回転寿司「すし銚子丸《ちょうしまる》」に入ると、白い帽子を被った板前さんから威勢のいい声が飛んできた。活気に満ちた寿司屋だ。まるで大漁旗を掲げて喜び勇んで寄港した漁船の中のような賑わいだ。

「よく言ってくださいました。それが店を運営している私たちの目標なんです」

と言うのは、一都三県で七十七店舗（平成二十三年八月現在）の直営店を経営し、五百名の社員と三千名のアルバイトを指揮して、年商百七三億九千万円を稼ぎ出している堀地速男《ほりちはやお》社長である。七十歳になった現在でも、土曜、日曜、祝日には店舗を回っている白髪が美しい総帥《そうすい》である。

「私たちは漁船の上でお客さんに新鮮な寿司を握っておもてなししている漁師のよう

な気持ちでいます。北海道の沖合いで鮭を獲るヤン衆のような気持ちです。海の香りがする漁船の上で、獲れたばかりの魚をバサバサ切って出している雰囲気を味わってほしいから、漁師のような大声を出して接待しています。

私たちがそう振る舞うことによって店そのものの鮮度もよくなり、お客さまにも楽しんでもらえます」

堀地社長は「店舗は舞台。お客様は観客。私たちスタッフは銚子丸一座の劇団員」と考えている。お客様にはもちろん新鮮なネタを提供するが、商品は魚だけでなく、接客サービスも重要な商品だというのだ。板前さんの掛け声がよく響き、ホール係もキビキビ行動しているから、お店に活気がある。だからお客様は駐車場に止めた車まで歩きながら、「楽しかったわ！　また来たいね」と感想を言う。まさに劇場型の回転寿司屋だ。

低価格の回転寿司からグルメ回転寿司へ

回転寿司というと、できるだけコストを下げて安価な値段で提供しようと、寿司米を握るのも機械化し、そこに薄く切ったネタを載せて回転テーブルでお客様に提供している店だ。堀地社長が昭和六十二（一九八七）年に千葉県浦安市に開店した「回転すしＡＢＣ」もそういう通常の回転寿司屋だった。

しかしお客様の中には、寿司の味まで犠牲にして低価格を実現するのではなく、値段よりもちゃんとした寿司を求める人もいた。堀地社長は試行錯誤の末、平成十（一九九八）年十月、回転テーブルで提供するけれども、寿司そのものは極上のネタを、築地の寿司屋と同じように板前さんが握る寿司を提供するような、ワンランク上のグルメ回転寿司に特化し、「すし銚子丸市川店」をオープンした。グルメ指向の回転寿司という新しいタイプの業態の誕生である。

ネタは最高においしく新鮮なものを提供するため、マグロはキハダマグロやメバチマグロではなく最もおいしい本マグロにこだわった。冷凍したものを解凍して出すと、どうしても味が落ちることから、地中海で獲れたものを氷浸けにして空輸して提供した。

サケはノルウェーからフランクフルト経由で成田に空輸すると六十二時間かかる。それをヘルシンキ経由で、しかも氷浸けして生のまま三十六時間で空輸できるようにした。そこまで鮮度と味にこだわったからお客様は敏感に反応し、すし銚子丸の評判はうなぎ登りに上昇していった。

日本で消費されるマグロは年間四万トンだが、日本最大の大口消費者である銚子丸はその一パーセントの約四百トンを消費している。近年、欧米や中国、韓国でもマグロを食べるようになったことから、マグロが高騰《こうとう》し、入手しがたくなった。そのことを報じるテレビは決まって銚子丸を取材するのは、すし銚子丸が日本最大の消費者だからである。

お客様を飽きさせない工夫

堀地社長はお客様の意表を突き、驚かせて飽きさせないために、いろいろな工夫を凝らしている。その一つが、スーパーマーケットにおけるタイムサービスのような「本日の新鮮組」とか「本日の心づくし」である。

折を見てそういうイベントが行われ、品数限定で、通常の倍もある切り身が載った寿司や、イクラが山盛りされた軍艦巻きや、マグロの中落ちを満載した握りが提供される。あるいはカニが提供されたりするので、明らかに得をした感じになる。

お客様に喜んでもらおうと、平成二十一（二〇〇九）年は応募した四千三百三十七通の中から当選した八組十六名をノルウェーに招待し、サケを捕獲している漁場を見学してもらった。平成二十二（二〇一〇）年は二千六百五十四通の応募者から選ばれた七組十四名がトルコに行き、地中海のマグロの養殖場の見学をしてもらった。

「そのため招待旅行には約五百万円かかりました。でもお客様に楽しんでいただくのが一番です。今年は地中海のマグロ漁なので、いっそう盛り上がりました」

そう語る堀地社長の頬が紅潮している。そんなイベントをお客様と一緒に楽しんでいるのだ。

遠回りして学んだ商売のコツ

「でも、いささかサービスのし過ぎではないですか？　きれいごとばかりは言っておれないでしょう」と聞くと、「いやいや、そうではありません」とやんわり否定された。

「私は外食産業を三十四年やってきて、お客様を喜ばせることが先で、利益は後だということにようやく気づきました。以前は中華や和食、持ち帰り寿司、回転寿司、とんかつの五種類の店をやっていました。

外食産業はすべてカバーするという意気込みで、会社名も㈱オールとしていました。鼻息が荒く、単純に売り上げと利益を追っかけていたんです。しかし売り上げも利益もあがらないです。

どうしてうまくいかないんだろうと悩んでいるとき、平成九（一九九七）年五月、アメリカの某大手ハンバーグ・チェーンの視察に行きました。その経営者はビジネスを立て直すために、理念を明確にしたと説明してくれました。

『私たちは何のためにハンバーグを売っているのか、目的を明確にしました。利益を上げることを追及していると、お客様は逃げていきます。お客様の喜びのためにハンバーグを提供する。お客様の喜びが先であって、それに奉仕する形でハンバーグというモノを売っているんです。

お客様の喜びに奉仕しているかどうかという観点で、店舗のインテリアもハンバーグの内容も全面的に見直してリニューアルすると、売り上げも利益も伸びていきました』

その観点は私には非常に新鮮に響きました。当たり前のことのようですが、わかっていなかったのです。

薬局は薬を売るのが目的ではなく、人の命を救うために薬を売っています。それを本末転倒して、薬を売って利益を上げることが主になってくると、利益は逃げていきます。私は一番基本的なところで心得違いをしていると反省しました」

そして接客の姿勢を全面的に変え、それを「朝礼の詩《うた》」に「今日も一日お客様に真心を提供して、感謝と喜びをいただくためにがんばろう！」と書き、全員で唱和して意識改革に努めた。この意識改革が効果を上げ、お店の雰囲気はぐんぐん変わっていった。

「利によって行えば怨み多し」

ところがある日、安岡が書いた『論語の活学』（プレジデント社）を読んでいて驚いた。

「孔子は『利によって行えば怨《うら》み多し』と言っているというのです。その箇所を引用します。

「『論語』里仁《りじん》篇に『利によって行えば怨み多し』とある。これは今日でも同じことで、人びとはみな利を追って暮しているが、利を求めてかえって利を失い、利によって誤まられて、際限もなく怨みを作っている。それは『利とは何であるか』ということを知らないからである」

まったくの勉強不足でした。東洋思想はすでに二千五百年前から説いていたというのです。安岡先生によると、『春秋左伝』はそれを『利の本は義』と表現し、『易経』は『利は義の和なり』と説いているというのです。東洋思想は間違うことなく、利の本質は何であるか、説いていたのです。それを知らなかったばかりに私は試行錯誤して苦しみ、アメリカで研修を受けて初めて目覚めたのですから、随分遠回り道をしてしまったものです。

安岡先生は同書で、**「本当に利益を得ようとすれば、『いかにすることが〝義〟か』という根本に立ち返らなければならない。これは千古易《せんこか》わらぬ事実であり、法則である」**と書いておられました。

従業員の人生を預かっている舵取り役であるからには、もっと人生の哲理を学ばなければいけないと思いました」

苦労人であるだけに、身にしみたのだ。それから堀地社長は安岡の講演会に積極的に参加するようになった。新宿にあった全国師友協会の事務所にも出入りし、常務理事の林繁之《しげゆき》さんや、事務局長で機関誌『師と友』の編集長を務めていた山口勝郎《かつろう》さん（いずれも故人）とも親しく交わった。林繁之さんの出身地である千葉県で創業しているので話がすっかり合った。

社名変更にかけた思い

㈱オールをどういうお店にしたいか問題意識を持った堀地社長は、ヒントを求めていろいろな経営者の本を読み、参考にしたい企業を探した。そして最終的にトヨタ、セブン－イレブン、ユニクロ、ディズニーランド、ノードストローム（米国のデパート）五社に絞った。

トヨタは極力在庫を持たない看板方式で知られているが、もともとは在庫を置かず、その日のうちに使い切ってしまう寿司屋の商法から学んだものらしい。自分たちの良さをトヨタから知らされたのだ。

セブン－イレブンはたとえばおにぎり一つでも品質にこだわって改良の努力を続けた結果、他のコンビニと大きな差がついた。いいものを提供する努力がお店のブランドを高めている。

ユニクロからは工場から直接店舗に商品を供給することによって、中間マージンを削って低価格を実現することを学んだ。

ディズニーランドとノードストロームからは接客姿勢を学んだ。すし銚子丸が自分たちを劇団銚子丸一座の団員と見なしているのは、その成果である。

そして中華も和食も寿司も提供するという姿勢を改めて、社名も㈱銚子丸と変えて、グルメ回転寿司に専念した。それが成功を収め、一都三県に七十七店舗を展開するまでになったのだ。

「私は全国展開を考えていません」と堀地社長。

「私の目が届く範囲の首都圏で二百店舗展開しようと思っています。フランチャイズはやりません。これをやると、個々の経営者はどうしても利益追求に走ってしまい、私がつくろうとしているすし銚子丸とは似ても似つかないものになりかねません。お客様の喜びを先に利益は後にという哲学はなかなか学べるものではありませんから」
それだけ自分がつかんだ経営哲学に自信があるのだ。

経営者のあるべき姿と安岡哲学

生き馬の目を抜くような実業の世界で、生き延びなければならないからこそ、堀地社長の学びも真剣だ。そんな堀地社長を『知名と立命』（プレジデント社）の次の一節は励ました。

「牢獄へ入れられても、島流しにあっても、悠然《ゆうぜん》としてふだんと変わらないようになるのには、よほど自分を作らなければならない。そういう意味では、不遇・逆境というものは自己を練る最もいい場所だ。心がけがよければ牢獄の中でもずいぶん学問もできる」

有力な取引先が倒産して大変な額の負債を負ってしまうなど、予想もしなかったことが起きるのがビジネスの世界だが、そんなとき社長があわてふためいてしまったら、社員はいっそう動揺してしまう。修行や鍛錬は自分のためだけではないのだ。

「安岡先生は『論語の活学』（プレジデント社）で、植木を育てるコツになぞらえて、人間のあり方を説いておられました。これは非常にわかりやすくて参考になりました」

「『木の五衰《ごすい》』といって、植木栽培の哲学がある。幸田露伴も『洗心廣録《せんしんこうろく》』という本の中で面白く説いておりますが、木の衰える原因を五つ挙げて、いましめておるわけです。

まず衰えの始まりは懐《ふところ》の蒸《む》れ。枝葉が繁茂すると、日当りや風通しが悪くなって、懐が蒸れる。懐が蒸れると、どうしても虫がつく。そうして木が弱って伸びが止まる。これを梢《うら》止まりという。

伸びが止まると、やがて根上がり、裾《すそ》上がりといって根が地表へ出て来る。そうなると必ずてっぺんから枯れ始める。いわゆる梢《うら》枯れというものです。

これが五衰でありますが、中でも根上がり、裾上がりが一番いけない。そこで土をかけたりして、出きるだけ根が深くなるようにしてやるわけです。この現象は花の咲く木も、実の成る木もみな同じことでありますが、特に人間から言って名木というような木ほど陥りやすいものである」

安岡は植木栽培のコツから、次のような人間学を展開していた。

「人間も木と同じことですね。少し財産だの、地位だの、名誉だの、というようなものが出来て社会的存在が聞こえてくると、懐の蒸れといっしょで、いい気になって、真理を聞かなくなる、道を学ばなくなる。つまり風通しや日当りが悪くなるわけです。

よく言われることですが、『名士というものは名士になるまでが名士であって、名士になるにしたがって迷士《めいし》になる』などと申しますが、本当にそうですね。

そうなるといろいろ虫に喰《く》われて、つまらぬ事件などを起こし、意外に早く進歩が止まって、やがて根が浮き上がり、最後には倒れてしまう。実業家と称する者を見ても、政治家と称する者を見ても、あるいは学者だの、芸術家だのと称する者を見ても、およそ名士というようなものはそういうものであります」（同掲書）

堀地社長はこれが安岡の本の特徴で、あらゆることから人間のあり方を学ぼうとされていると言う。

「安岡先生はこの章の最後にこう述べておられます。

『本当の偉人、真人というものは、名誉や権勢の人の中にはなくて、かえって無名の

人の中にある。したがって人間は、権勢よりも、もっと本当のもの、真実のものを求めて、それで偉くならなければならないのであります』

私は反省しきりでした。経営は経営者にとって、仕事は社員にとって、人格練磨に直結しているんですね。一番の基本を見失うことなく、すし銚子丸をつくっていくことに使命感すら感じています」

かくして堀地社長は安岡先生の書物をひも解くのが楽しくなった。『東洋人物学』（致知出版社）も商売をやる上で教えられることが多かった。

「徳業という言葉も味わわなければならない。ただわれわれが欲望や才能でやっていることは、これは事業です。その事業にその人の人間内容が出てはじめて徳業になる。誰がやってもやれること、たとえば大会社の役員の誰かが交替したとしても、仕事が機械的にやってゆけるようなのは、これは事業。この事業にその人間の尊い内容、命がにじみ出ておって、これを抜いたらその仕事に生命がなくなってしまうようなのを徳業という」

堀地社長は事業を徳業にまで高めようと努力している。安岡の本はそういう努力目標を与えてくれたのだ。

最後にお勧めの本を聞くと、すかさず『王陽明研究』(明徳出版社)を挙げた。

「この本は安岡先生の原点で、中でもこの一節は含蓄が深い。

『**偽《いつわ》るとは誰を偽るのでもない。自己を偽るのである。これに反して自己を偽らぬこと、真に内面的必然に率《したが》うこと、これを誠という**』

凛としていますね。私もかくありたいと思います」

孔子は道を楽しんだという。堀地社長は今なおビジネスの最前線に立ち、そのビジネスに道を楽しんでおられるような余裕を見受けたのだった。

２　ばあちゃんの知恵を点描で描く画家大城清太さん

にぎわった銀座での個展

平成二十二（二〇一〇）年四月十八日、私は朝食を摂《と》ろうとして、ＮＨＫテレビの朝のニュースをつけた。すると、午後から観に行こうと思っていた銀座のギャラリーでの大城清太《おおしろきよた》さんの個展が映し出され、画廊を背景に大城さんがインタビューに答えていた。

「おお、これはシンクロニシティだなぁ」と思って画面に見入った。シンクロニシティとは、ものごとの生起を決定する法則原理としてカール・ユングによって提唱された考え方で、「意味のある偶然の一致」をいい、「共時性」と訳されている。

テレビ画面にはスポーツ選手のように日焼けした精悍《せいかん》な顔、短く刈りつめた清潔な頭髪、そしてどんぐりのような大きな目、疑うことを知らない人なつっこいひとみが映し出されていた。一昨年（平成二十一年）五月、沖縄市（旧コザ市）パークアベニユーにある彼のギャラリーで会った大城さんが、混じりけのない眼差しをさらに輝かせて、なぜ点描とは言わず天描と言っているのか説明していた。

「ぼくはばあちゃんからいつも、絵画は天からのメッセージなんだよと言われていました。ぼくは天から降りてきたイメージを点描で描いています。だからぼくの点描は天描でもあると思い、そう呼ぶようになりました」

大城さんの祖母は自然に対して祝詞《のりと》をあげる神人《かみんちゅう》という役割をしていた人で、大城さんもとても繊細な感性を受け継いでいる。

「ばあちゃんによると、天という字は二という字と人という字を重ねた字です。自然と人間が重なる、つまり自然と人間とが一つになれば、天すなわち神が現れる。すなわち神と自然と人間は表裏一体なのです。そういうふうに、ばあちゃんから聞いていた天地の理《ことわり》についての話はとても感銘深かったので、ぼくは天描画でそのメッセージを伝えていこうと思いました」

そして一つひとつの絵の背景にある「ばあちゃんが語ってくれた知恵」について語っていた。

瑠璃色の惑星・地球に対する責任

午後二時、銀座のギャラリーを訪れた私に大城さんは、「瑠璃《るり》」と題した天描画の説明をしてくれた。

「ばあちゃんはそれが見えるのでしょうか、女の人が子宮に新しいいのちを宿すと、龍が現れて子宮を包んで守ってくれているんだよとよく言っていました。地球上には人間や動物、植物など多くの生命が住んでいますが、その地球は龍によって包まれ、守られているのだそうです」

大城さんの説明を聞いて、私は「ほおっ」とうなずいた。日本や中国、韓国など東アジアでは、龍は古来から吉兆《きっちょう》の印として描かれてきたが、こういう現象があるとは知らなかった。大城さんの説明はさらに奇想天外なものだった。

「この絵では地球がト音記号の形をした龍で包まれていますね。地球は龍によって守られているというインスピレーションを、私はこういう形で表現しました。

これはまた、赤ちゃんが生まれたとき上げる産声《うぶごえ》を、ト音記号の形で表わしてもいます。宇宙には固有の音があり、心の耳を澄ますとそれが聴こえてきます」

大城さんの説明には、なるほどと思わせるものがあるから不思議だ。DNAに記憶されている太古の記憶が呼び覚まされるような気がする。私の内側の深い部分がそうだ、そうだと納得している。不思議な感覚だ。

「地球は母なる星です。母の体から多くの生命が生まれて、昔はみんな共存共栄していました。ところが人間がむさぼりすぎてしまい、地球はすっかりバランスを崩してしまいました。それを取り戻さなければいけません。

それは地球や他の生命に対する人間の責務だといえます。だから絵のタイトルは、単に『地球』とはせず、紫色を帯びた紺色、つまり瑠璃《るり》色の美しい地球を取り戻そうという願いを込めて、『瑠璃』としました」

一枚一枚の絵にこれほど深いメッセージが込められているとは！　私はいちいち納得して聴き入った。

「ばあちゃんは動植物とも話ができました」

沖縄にはユタとかノロとか神人などと呼ばれ、繊細な霊感を授かって神事《かみごと》をつかさどっている人たちがいる。日本でもそれぞれの集落にそういう役割を授かった人たちがいたが、封建的とか迷信とかみなされて、表面的にはいつの間にか消えてしまった。ところが沖縄にはそうしたスピリチュアルな人や風習が残っていて、日常の出来事は今なおユタやノロや神人にはかられて運営されている。大城さんの祖母は猛毒を持っているハブとも会話できたらしい。

「ある日、ばあちゃんといっしょに御嶽《うたき》（自然の中にある祈祷所。神社の原型ともいえる場所）で祈っていたとき、清太はハブと話ができるかいと訊かれました。昔の人はハブとも植物とも話ができたそうです。今の人が万物と交流できないのは、ごく普通に会話していたことを忘れているからだよと言われました。

あるとき御嶽で祝詞《のりと》をあげていると、岩の間からハブが出て、こちらに向ってきました。ハブにかまれたら死にます。ぼくは恐怖にかられ、慌てました。ばあちゃん、危ない、ハブだ！　と叫ぼうとしたが、声が出ません。ところがばあちゃんは全然恐ろしがらず、ハブに話しかけました。

『いま祝詞をあげているところだから、邪魔しないで、あっちに行ってて……』

するとハブは方向を変えて薮《やぶ》の中に入っていきました。

そのときぼくは、ばあちゃんはハブとしゃべれるんだと思いました。ばあちゃんが特殊なのではなく、昔の人はみなそうだったそうです。人間がこざかしくなければ、交流できる世界はもっと広いようですね」

大城さんは小さい頃から祖母の立ち居振る舞いを通して、人間と動植物とは遮断《しゃだん》されてはいないことを教えられていた。

「草花に対してもそうでした。人や車に踏まれそうな道端に咲いている花を見かけると、ばあちゃんは、そこにいると心無い人に踏みつぶされるかもしれないから、安全な場所に移し変えてあげようねと話しかけ、移植しました。そうすると草花はお礼をこめて、長い間咲いていていました。

そんなふうに植物とも動物とも会話できることを目の前で見せてくれるので、疑う余地がありませんでした。昔の人はすごいということを、ばあちゃんを見ていて思いました。理屈をこね、自説を主張したがる狭量な自分を捨てて、天に預けてしまうと、素晴らしい世界が広がってくるんですね」

昔、聖フランチェスコはいつも小鳥に囲まれて話をしており、普通の人が持っていた鳥やけものたちとの壁がなかったという。大城さんは祖母を通して、本来の人間と動植物の関係を教えられていたのだ。

月の光を浴びて、くつろいでいる「天魚」

個展には「天魚《てんぎょ》」と題する天描も出展されていた。魚の形をしたお母さんがお腹に赤ちゃんを宿していて、光か何かを浴びてくつろいでいる姿を描いている。長い髪の美しい女性の表情はうっとりとしていた。

「これは何を表現しているんですか?」

と問うと、大城さんはまたまた不思議な説明を始めた。

「満月になると魚が飛び跳ねますね。あれはばあちゃんの話によると、身ごもったメスの魚は満月になると海面から飛び上がって、オスの光である月の光を全身に浴びて、体を柔らかくして、子どもを産みやすくしているのだというのです」

宇宙の深遠な仕組みの話を聞いているみたいだ。

「沖縄には満月になると、男も女もいっしょに酒を飲みサンシン(三味線《しゃみせん》のような楽器)を弾いて、歌ったり踊ったりして遊ぶ風習があります。これをモーアシビといい、今でいうコンパにあたります。

でもこれは単なる寄り合いではなく、無意識のうちに、月の光を浴びて女性は子どもを授かりやすい体になり、男性は種を作りやすい体になるために行なっているのです。大自然の不思議な知恵ですよね。

この『天魚』という絵は三日月の形をしていますね。お腹に子どもを宿している女性が月の光を浴びて、子どもが無事に生まれますようにと、月光浴をして安らいでいる姿を描いたものです。月の光は夫の愛を表わしています。夫の愛を浴びて、妻の心が安らぎ、お腹の赤ちゃんも安定する。この絵にはそういうメッセージが描かれています」

ウーン、納得!

大城さんは身ごもった女性とそれをやさしく包んで庇護《ひご》している龍を好んで描いているが、大城さんにはそれが動画のように見えるのだという。

なるほど、なるほど。そうでなければ、こういう絵は描けないだろう。

密教の瞑想に阿字観《あじかん》というのがある。月の中に梵字《ぼんじ》のアを書いて、それを観想しながら、深い境地に導かれていく瞑想法だが、この「天魚」の絵も私たちを陶然とした境地に誘ってくれるような気がする。

銀座のギャラリーには多くの人が詰めかけ、熱心に見入っていた。普通の絵画展にはない、やわらかい光が満ちている空間だった。

世界的演出家宮本亜門さん

大城さんは平成二十二（二〇一〇）年十月九日から十七日まで、沖縄県の浦添市美術館で「心己一点」と題して個展を開いた。この個展に現在、南城《なんじょう》市に住んでいる世界的な演出家の宮本亜門《あもん》さんも駆けつけて祝福してくれた。個展には約五千五百名の人が詰めかけた。沖縄の美術館には滅多にないほどの大入りだった。

昭和三十三（一九五八）年一月、東京・銀座に生まれた宮本さんは、ダンサー、振付師を経て、昭和六十二（一九八七）年、オリジナル・ミュージック『アイ・ガット・マーマン』で演出家としてデビューし、同作品で「昭和六十三年度文化庁芸術祭賞」を受賞した。その後、ニューヨークのオンブロードウェイで上演された『太平洋序曲』を演出し、トニー賞に四部門ノミネートされて話題になった。

また平成二十一（二〇〇九）年五月、横浜開港百五十周年記念式典のプロデューサーを務め、天皇皇后両陛下をお招きして、宮本さんの作・演出になる『ヴィジョン！ヨコハマ』を上演した。活躍の舞台は世界に広がり、平成二十二（二〇一〇）年六月には、ロンドンでミュージカル『ファンタスティックス』を上演し、絶賛された。平成二十三（二〇一一）年一月には、神奈川芸術劇場の舞台監督に就任し、三島由紀夫原作の『金閣寺』を舞台化した。この七月にはニューヨーク・リンカーン・フェスティバルに正式招聘《しょうへい》されている。

宮本亜門さんは「違いがわかる男のゴールド・ブレンド」ネスカフェのCM撮影で沖縄に訪れたとき、沖縄の魅力に魅せられ、平成八（一九九六）年に移住した。それ以来沖縄を拠点にして、日本や欧米を行き来して舞台芸術の仕事をしている。

大城さんに自信を持たせた亜門さん

十年ほど前のことである。大城さんは知人の紹介で宮本亜門さんに会った。宮本さんが「近くの御嶽に行くんだけど、君も一緒にどうですか？」と誘ってくれたので、南城市玉城《たまぐすく》にある御嶽に行った。

そこは木や草がうっそうと生い茂って薄暗く、琉球石灰岩でできたごつごつとした岩がある場所だ。同行した人が宮本さんに、

「ここがみんなが大切にしている神聖な御嶽です」

と説明すると、宮本さんは何疑うことなく、その御嶽に向かってごく自然に両手を合わせて祈りを捧げた。その姿があまりにも美しかったので、大城さんは見とれてしまった。そして大城さんの中で何かが変わった。

実はそれまで大城さんは神人の家系であることを隠していた。友達に「変わったやつ！」と思われて、村八分にされたくなかったからだ。でも宮本さんの純粋な祈りの姿を見ているうちに自分が恥ずかしくなり、神人の家系であることに誇りを持とうと思った。そのことを宮本さんに話し、自分が描いた天描画を見せると、宮本さんはウーンとうなり、「君とは長い付き合いになりそうだね」と言った。

そしてそのとおり、宮本さんが沖縄に帰ってくると、一緒に食事をしたり、語り合ったりする間柄になっていった。こうして宮本さんは大城さんの能力を開花させる重要な役割を果したのだ。

知識は見識となり、胆識にまで高まってこそ仕事ができる

大城さんが画家として表現方法を求めて暗中模索しているとき、大きな励ましを与えてくれた一人が安岡正篤だった。あるとき、『活眼活学』（ＰＨＰ研究所）を読んでいると、

「頭の中の知識はその人の徳を得て見識にまで高まり、決断力、実行力を伴って胆識《たんしき》となる」

とあった。それはいつもばあちゃんが説いていた徳についての黄金言葉《くがにくとぅば》を思い出させ、目頭が熱くなった。祖母の表現はこうだ。

「徳という漢字は、彳（行人偏）と十と四と心から成っているじゃろ。彳は行い、十は天を意味している。誠、真心《まごころ》、志情《しなさき》、人情の四つを実践したとき、鳩尾《きゅうび》（みぞおち）の奥にある真玉《まだま》が輝き、心が磨かれ徳が育っていくんだよ」

安岡が説く「徳慧《とくけい》」は、ばあちゃんの言葉と重なった。

「人を喜ばすのに一番大切なことは、人を喜ばせたいという気持ちだよ。頭で人を動

かそうとすると、計算や欲が出てうまくいかなくなる。本当に人を動かしたいのなら、素直な心でもって相手の心を幸せで満たしなさい。何をするにも心をこめてすると、それが徳となり、自分を成長させてくれるんだよ。自立は他人の力と自分の力が合わさってはじめてできることなんだね。おかげさまでという気持ちを忘れてはいけない」

安岡の文章は祖母が受け継いできた先人の知恵を再確認させてくれたのだ。

時代の先駆けである画家

いまなぜ大城さんが投げかけるメッセージが多くの人々に納得され、受け入れられているのだろうか。ひと昔だったら、大城さんの祖母の話はとりとめもない荒唐無稽《こうとうむけい》な話として聞き流されていただろう。オーストラリアの原住民アボリジニやネイティブ・アメリカン、あるいはアフリカの原住民の話も、文明開化以前のたわ言に過ぎないと片づけられていた。

ところが今ではそれが、原住民たちが受けていた「偉大な知恵」として捉《とら》えられ、そのメッセージに真剣に耳を傾けるようになった。

いま人々は人間が感受性の鋭いアンテナであることにうすうす気づきつつある。へ理屈をつけたがる「理性」は一応そばに置いておいて、「感性」に従って自由の天地に身を預けると、ものごとの本質が見えてくるのだ。

大城さんもまた、まだ駆け出しにすぎない無名の画家の個展に、なぜこれほどの人が多数来てくださるのか——その理由をつらつら考えてみた。そして思い至ったのは、点描で表現されている祖母のメッセージに、多くの人が共感されるからではないかということだった。だからますます祖母のメッセージを大切にしようと思った。

人間はあまりにもひとりよがりで、莫大な利益を求めて鉱物資源を掘りつくし、海洋資源を獲りつくして、地球そのもののバランスを崩すところまで来ている。そのことに目覚め、地球という惑星の環境の中で、共生することを考えて行動するようになったら、人間の生き方はどんなに変わることだろう。

大城さんは時代を先駆けしている天描画家なのである。

3　収監されても心が揺らがなかったヘンリー河田さん

体外離脱するという不思議な体験

「あれは一九八〇年のことでした。第二次オイルショックのため、それまで八年間勤めていたパンアメリカン航空が日本から撤退することになったので、早期退職勧奨《かんしょう》制度を利用して辞め、その年ハワイで『ヘンリー・カワダ・テニススクール』をオープンしました」

と、ヘンリー河田さんは自分の人生経験を語りだした。

ヘンリーさんは昭和二十四（一九四九）年、岐阜県恵那《えな》市で生まれ、名古屋学院大学から姉妹校のアラスカ・メソディスト大学経済学部に進み、卒業後はパンアメリカン航空に就職し、大阪国際空港並びにロサンゼルス空港で勤務した。

しかし前述の理由でパンナムを退職すると、大学時代にテニスを得意としたこともあって、退職金を元手に、ハワイでテニススクールをオープンした。テニススクールは全米プロテニス協会のナショナル・テスター（プロテニス試験官）の資格が取れたこともあって繁盛し、朝七時から夕方七時まで土日返上で、地元および海外のジュニア選手の指導に明け暮れた。

幸いにしてハワイには世界中から名選手がやってくる。デイビス・カップ選手である神和住純《かみわずみじゅん》選手などとも親交を深め、またスウェーデンのビヨン・ボルグ選手と一緒に写真に写ったりもした。そこに不思議な体験が起きた。

「テニススクールを初めて、六年目ぐらいのときです。生徒の相手をして、朝からボールを打っているわけですから、一日七時間ぐらい、みっちり打ち込んでいます。夕方終わる頃になると、だんだんハイな気持ちになりました。この気分は何だろうと思っていると、私の体から霊魂が抜けて空中に上っていき、ボールを打ち返している肉体の私を空中から見下ろして、指示しているんです。観客席にいる友人たちの顔が見えるし、彼らが声援する声も聞こえるから、ごく普通の状態なんです。

でも上から客観的にゲームを見ている私が、地上で実際にプレーしている肉体の自分に指示を出し、相手がボールを打てないところに巧妙にボールを打ち返すので、考えられないようなミラクルショットが連続しました！　それもそうです。時速二百キロメートルもあるスピードボールがほとんど止まって見えるんですから、ベストショットが打てないわけはありません。

これは何なんだ！　と自分でも驚きました。ゲームが終わると、何事もなかったように、魂は元の肉体に収まりました」

こういう経験を何日か繰り返すうち、今度は稲妻が天の高みから落雷のように頭上めがけて落下してきた。するともろもろの迷いが吹き飛ばされ、平安な境地が開けた。次第に東天が明るくなり、大日輪が山の端から昇り来たったようなすがすがしい気持ちになった。

日本では古来からそういう無の境地があることが語られている。宮本武蔵などの武人は剣の極意は禅と一致するといい、近くはプロ野球の川上哲治選手や王貞治選手が、「ボールが止まって見えるようになった！」などと述べている。ヘンリーさんはそれとごく近い体験をしたのだ。

当時、ベストセラーになっていたW・ティモシー・ガルウェイの『The Inner Game of Tennis』に、「インナー・ゲームの深奥には、人間には計り知れない、しかし誰もが知りたがっている深遠な世界が存在する」と書かれていたので、とても意を強くした。スポーツは単なる肉体のゲームではなく、深遠な世界につながっていることが確認できた。

ガルウェイはハーバード大学でテニス部のキャプテンを務め、心理学を学んだこともあって、テニスを禅や東洋思想の観点から説いており、ベストセラーを生み出していた。それまでヘンリーさんは宗教や心理学に関する本にはまったく感心がなかったが、「この世には感覚器官で知覚できる以上の不思議な世界があり、肉体は魂の入れ物に過ぎない」ということを自ら体験をして俄然興味が湧き、自分の経験を説明してくれるような本を手当たり次第に読み出した。一九八四年、三十五歳のときである。

雑誌で安岡先生を知る

それから二、三日後のことだ。行きつけの日本人の理髪店に行くと、一冊の雑誌が目に入った。五井昌久《ごいまさひさ》氏が率いている白光真宏会《びゃっこうしんこうかい》という宗教団体の会誌『白光』である。何気なくパラパラめくっていると、五井氏と安岡の対談が載っていて、人間には超越的な感覚が授けられていて、霊性豊かな存在であることが語られていた。

その中で安岡は五井氏の人柄についてこう述べていた。

「五井先生にはリズムがあり、とても音楽的ですね。完全な機械は動いているときも静かで、リズミカルです。人間も高潔になってくると、音楽的になるので、あの人は風韻《ふういん》があるなどと表現します。五井先生にはその風韻がありますね」

風韻――実に涼やかな響きだ。当代一流の霊的能力を持っている五井氏と、不世出の東洋思想家である安岡の対談はとてもさわやかで啓発的だった。

ヘンリーさんは自然に二人の著作に親しむようになった。読書が進むに連れて心の中で変化が起き、安岡を師父と慕うようになった。

その翌年出版された『人物を創る』（プレジデント社）をさっそく買って読んでみると、安岡はこう述べていた。

「我々が本当に意識を統一し、精神を集中すれば、非常な精神能力、知覚力、直覚力というものが出る。むしろ神秘的といえるくらいの洞察力、的中力が出るものです。

私もしばしば経験するのですが、例えば何か研究に没頭して、ふと参考書が欲しくなって本屋に行ったとします。心誠にこれを求めている時には、その関係の本がすぐ目につくのです。何万冊あろうが、どんな隅にあろうがすぐ目につく。不思議なもの

です」

ヘンリーさんも同じような経験をしており、何かに導かれているとしか思えなかった。また次のような文章にも出くわして、刮目《かつもく》した。

「佳書《かしょ》とは、それを読むことによって、我々の呼吸、血液、体液を清くし、精神の鼓動を昂《たか》めたり、沈着《おちつ》かせたり、霊魂を神仏に近づけたりする書のことであります。佳《よ》い食物もよろしい。佳い酒もよろしい。佳いものは何でも佳いが、結局佳い人と佳い書と佳い山水の三つであります。然し、佳い人には案外会えません。佳い山水にもなかなか会えません。ただ佳い書物だけは、いつでも手に執《と》れます」

まったくそのとおりで、それまでめったに本を読まなかったヘンリーさんだったのに、本こそは人類の精神的宝庫であることに目覚めて、俄然耽読《たんどく》するようになった。

安岡は読書の楽しみをこうも書いていた。

「心を打たれるような、身に染むような古人の書をわれを忘れて読み耽《ふけ》るとき、至福を感じるのは誰もが知る体験である。そんな経験を積んでおると、しだいに時間だの空間だのという制約を離れて、真に救われる。いわゆる解脱《げだつ》をする。

そういう愛読書を持つことが、またそういう思索、体験を持つことが人間として一

番幸福であって、それを持つのと持たぬのとでは人生の幸、不幸は懸絶《けんぜつ》してくる」
(『いかに生くべきか　東洋倫理概論』致知出版社)

かくしてヘンリーさんの精神生活は急速に充実していき、人生が楽しくなっていった。

読書が進んでくると、先にテニスのプレー中に経験したことを、欧米では幽体離脱、あるいは体外離脱と呼び、禅では大悟徹底ともいい、他の宗教では神我一体などと呼んでいることも知った。

テニスはもうそろそろ卒業しようと思っていると、不思議に右腕がしびれ、ラケットを持つことができなくなった。そこでテニススクールを売却し、新たな世界に向った。

豪州で大型リゾート開発に従事

そこにテニススクールでコーチしていた日本人実業家から、オーストラリアで大型リゾート開発をやっているので、自分の通訳として手伝ってほしいと依頼された。かくして日本とオーストラリアの間を行き来する日々が始まった。

ところがそこでまた不思議なことが起きた。あるとき、日本からオーストラリアに向かおうとして、航空券がなくなっていることに気がついた。やむなくその日の飛行機をキャンセルして、次の日の便を予約した。

ところが深夜になって急に脇腹に激痛が襲い、冷や汗が出た。我慢していたものの、とうとうこらえきれなくなり、救急車で病院に運ばれた。胆囊《たんのう》に二センチメートル大の胆石が発見され、急遽手術となった。

結局二か月入院していたが、もしあのまま飛行機に乗っていたら、処置が遅れて大事に至ったかもしれない。

これも《宇宙の根源》に素直に呼応できるようになったから、その健全なバイブレーションに自分の運勢が保護されるようになったからではないかと思った。

ヘンリーさんはこの体験をこう語っている。

「西洋ではこういうことをディヴァイン・シールド（神の楯《たて》）によって護られていると表現します。人間が一定のレベルに達すると、ディヴァイン・シールドに護られるようになり、自分の生命の働きにマイナスになるような出来事には巻き込まれなくなるというのです。私も人間存在を超えたものに護られていると思いました」

オーストラリアにおけるビジネスは最初は順調にいった。ヘンリーさんは安岡の『照心語録』（知致出版社）を英訳し、それをテキストとして勉強会を持った。小さな集まりだが確実に成長していき、その一人ブラッド・モアーさんは大阪に関西師友協会を訪ねるまでになった。

予想もしなかった投獄

しかし一九九一年、日本でバブルが弾け、合弁企業のパートナーが倒産した。豪州担当の役員は欠損の穴埋めをしようとやっきになり、本社に無断で開発を続行したが結局失敗し、数十億円の焦げ付きを出してしまった。

ヘンリーさんは事実を知りながら、その日本人役員の指示に従って隠蔽《いんぺい》工作をしたとされて訴追された。しかも事件の主犯である日本人役員はヘンリーさんに罪を被せて言い逃れしたため、ヘンリーさんが主犯とみなされ、有罪が確定した。

晴天の霹靂《へきれき》である！　しかも信頼していた上司に裏切られ、自分が主犯として投獄されることになった。上司に対する憎悪で煮えくり返った。

そんな苦境にあったヘンリーさんに訴えかけてきたのが、安岡が『人物・学問』（明徳出版社）に書いていた次の言葉だ。

「その人物から地位を奪い、名誉を奪い、金を奪い、妻を奪い、子を奪い、一切を奪ってもなお毅然として立っているということ、人間が自分そのものに毅然と立って、なんら他に俟《ま》つことなき生活をしているという境地、これを独《どく》という。

人間というものは案外自己によらず他物によって生きている。大抵の人は金を頼りにして生きている。妻子を頼りに生きている。地位を頼りにして生きている。世間の聞えを考えて生きている。

だから地位をなくした、クビになったというと、もうぺちゃんこになる。神経衰弱になる。銀行に預けた金が取れなくなったために、発狂したという人間はたくさんいる。妻子と分かれて神経衰弱になってしまうような者もいる。世間の評判を苦にしているだらしない人間もいる。とにかく何かそういう他によって生きている。これを相対的生活という。

なんら他に俟つことなく、黄金にも、地位にも、名聞にも、なんらそういうことを

頼りとせずに、自分が自分を相手にして生きている。これが独尊である」

そのとおりだと思った。この期に及んで、まだ自分の地位や名誉や世間体を気にしている自分がおり、しかも人を恨んでいる。自分はまだまだ絶対的な我（真我）に立脚していないと思い知らされた。

また安岡は『百朝集』（福村出版）に、「アミエルの日記」から次のような文章を引用していた。

「人間の真価を直接に表すものは、その人の所持するものではなく、その人の為すことでもなく、唯その人が有る所のものである。偉大な人物とは、真実な人のことである。自然がその人の中にその志を成し遂げた人のことである」

これも大きな励ましとなった。この投獄生活を通して、大自然が自分の中に志を結晶させたような人物になろうと決意し、自分に言い聞かせた。

（西郷隆盛は、「人を相手にせず、天を相手にせよ。天を相手にして、己れを尽くして、人を咎《とが》めず。我が誠の足らざるを尋ぬべし」と、自分に言い聞かせたではないか。

私も人のことはもうとやかく言うまい。全部引っ被ってしまい、この投獄生活で自分では知るよしもないカルマ〔業《ごう》＝仏教の基本的概念〕が消えるとすれば、それでよ

しとしよう）
そう思うとさばさばした。ようやく「危所《きしょ》に遊ぶ」という心境になった。そして二〇〇三年三月五日、従容として刑務所の門をくぐった。何とその日はヘンリーさんの五十四回目の誕生日だった。
（これは服役を好機として生まれ変わり、再出発せよという天のメッセージだな）
そう受け止め、まったく前向きの気持ちになった。

獄中での出来事

社会の縮図である刑務所にはさまざまな人がいた。その中にオーストラリア全土に勢力を持つギャングの大親分シェイキーがいた。若い頃は柔道のオーストラリア代表も務め、講道館での合宿にも参加したことがあるという。

その形相は仁王か不動明王を思わせ、天を突くような大男である。彼を怒らせたら、ただではすまないから、誰もが恐れた。

しかし一方ではシェイキーは配下の面倒見がとてもよく、彼らが病気になれば所長に掛け合って待遇をよくしてもらった。彼らが出所することになれば、就職や寝所を手配してありがたがられた。

とはいえ、ヘンリーさんは少しもシェイキーを怖がらず、ごく普通につきあった。それが強面《こわもて》のシェイキーの気に入ったのか、ヘンリーさんを好いてくれ、収容所内を歩くときはこれ見よがしに肩に手を回して歩いた。

後でわかったのだがこれは、「この男は俺の身内だ。少しでも指を触れるようなことがあれば、俺が容赦しないぜ」というジェスチャーであるらしい。そのお蔭か、三年間八か月の獄中生活で困ったことはひとつもなかった。

日本料理に長《た》けていたヘンリーさんはしばしば厨房《ちゅうぼう》に入り、おいしい料理を作り、みんなに喜ばれた。それにヘンリーさんがテニスのコーチだったことを知ったある刑務官は、卓球の相手としてヘンリーさんを選び、相手するよう命じた。その刑務官自身、欧州ジュニアチャンピオンだったので、自分のレベルで試合できる相手をやっと見つけたという思いだったに違いない。こうしてヘンリーさんは刑務所中の人気者となり、楽しい時間が過ぎていった。

国民的祝日アンザック・デーでスピーチ

服役が終わりに差し掛かった頃、チャプレン（刑務所付き牧師）から、来たるアンザック・デーの四月二十五日、講話をしてほしいと依頼された。

アンザック・デーというのは、第一次世界大戦中の一九一五年四月二十五日、オーストラリアの将兵がトルコのガルポリに上陸作戦を敢行し、たくさんの死者を出した日である。その戦死者を弔うため、服役者に退役軍人や一般市民が加わって記念式典を行なう。そんな栄えある場で、戦争について話して欲しいというのだ。

市長でも大学教授でもなく、著名な作家でもなく、一介の服役者で、しかも外国人のヘンリーさんにそんな役が回ってくるなんて信じられなかった。しかしこれも天命と考えたヘンリーさんは受けて立ち、自分のささやかな経験から学んだことを語った。

「第二次世界大戦で日本は負け、完膚なきまでに叩きのめされました。国土は焦土と化し、二度と立ち直ることができないよう焼き尽くされました。でも、なにくそ！という精神が日本を復興させ、世界に冠たる国にまで成長させました。

その象徴的な人物が住友生命の名誉会長を務め、日本の経済界を引っぱっていった新井正明さんです。新井さんは第二次世界大戦でソ連と戦ったとき、足をやられて隻《せっ》脚《きゃく》となりました。失意のどん底に落ちましたが、東洋思想家安岡先生との出会いを通してそれを克服し、大なる人物になりました。

さて、この刑務所に服役している私たちは、地位も世間体も何もかも失い、塗炭の苦しみを経験しました。これらはマイナスの経験として、私たちをつぶしてしまったかのようにみえます。

しかしそうではありません。電力の鬼といわれた松永安左ヱ門は、本当に仕事ができる、肚が座った人間になるためには、例えば投獄、倒産、闘病というニッチもサッチもいかない状態に陥ることも必要だ、それによって、逆に甘えが削ぎ落とされ、人間として信頼しうる人間になると述べています。

古来から逆境は人をつくるといいますが、私たちがここでつぶされてしまうことなく、真に実りある人生を送ることができるかどうか、それを決めるのは私たち自身ではないでしょうか。私たちが前向きでさえあれば、この苦い教訓から学び、ついに花を咲かせることができると確信します」

この講話は服役者から大喝采《だいかっさい》をもって迎えられた。普通服役者は取り返しのつかないことをしてしまったと気落ちしがちなのだが、ヘンリーさんの講話は彼らを奮い立たせたのだ。

そんな講話を置き土産にして出所したヘンリーさんは、臨済禅の経典『臨済録《りんざいろく》』の一節が改めてよくわかったという。

「『随所《ずいしょ》に主となれば、立処《りっしょ》みな真なり』の言葉どおりでした。臨済義玄は、『たとえどんな場所にいようと、その場、その時に生きているのであって、そこで主人公になることができれば、どこに行こうと通用する』と述べていますが、まったく同感します。

私にとってあの入獄体験はもう一段階上に昇っていくために必要なことだったと思います。そこから逃げず、そこで主人公になりえたというのはとても大きい」

安岡を師と仰ぐ人の中で、投獄されたという人はそうそういない。普通は生涯最大の禍根《かこん》としてひた隠すものだが、ヘンリーさんは何も隠し立てしない。あっけらかんとして自由だ。やはりすごいものをつかんでいるのだ。

母の介護のために帰国

二〇〇六年十一月、出所したヘンリーさんは、日本に残した母の世話をするために帰国し、伊丹市に住んだ。そして介護のかたわら、安岡先生の戦前の代表作で、現在ハワイ大学で翻訳中の『日本精神の研究』（致知出版社）の監修を行なっている。

また国際経験が豊かなことから、伊丹市が主催している異文化理解講座で講師を務めている。それに関西師友協会の機関誌で「悟道《ごどう》文明の創造」と題して随想を連載しており、二十回を超した。それを見て各地から講演依頼が舞い込み、嬉しい悲鳴を挙げている。

通訳としてマルコス大統領の最期にもかかわっており、現在もイメルダ夫人とは親交がある。普通の人では経験できないようなことも経験し、波乱万丈な人生だったが、ヘンリーさんは大満足である。

現在六十三歳。これまでの経験が生かされ、人々のお役に立てると思うと、ヘンリーさんは毎日がますます楽しくなっているようだ。

第4章

東洋の叡智と安岡正篤

1 『アメイジング・グレイス』誕生の光と影

驚くべき神の恵み、何と甘美なる響き

もう十年ほども前のことだ。ギリシャの歌手ナナ・ムスクーリが哀愁《あいしゅう》を帯びた声で、「アメイジング・グレイス！　何と甘美なる響《ひび》き……」と歌いだしたCDを聴いたとき、私の心に電流が走った。人間の予想をはるかに超えた変転極まりない人生の展開と、それでも人間を見捨てない神の愛への讃美がほとばしり出ていた。いろいろ浮き沈みの多かったそれまでの人生が思い返され、目頭が熱くなった。私は何度もかけ直して、ナナ・ムスクーリの歌声に聴き入った。

アメイジング・グレイス……！　何と甘美なる響《ひび》きだろう
私のようなみじめな者を救ってくださった
かつては道を見失っていたけれども

今は見い出され
かつては盲目だったが
今は見えるようになった

神の恵みは私に畏《おそ》れることを教えてくださり
私を恐怖から救ってくださった
それがどんなにありがたく思えたことか
初めて神に祈りを捧げたときのことを思いだす

多くの危難やあまたの誘惑を乗り越えて
私はようやくたどり着いた
ここまで来れたのは
神の恵み以外の何物でもなかった
そしてこれからも敬慕する神は
私を魂の故郷に連れていってくださるだろう

（神渡良平訳）

その天来の響きに共感し、「まったくその通りだ」と相槌《あいづち》を打ちながら、彼女の歌声に聴き入った。

――これはもう人間の力ではない。神の恵みがあったればこそだ。もちろん私も努力した。でも努力以上の結果が出て、今喜びの涙にくれている。何という驚くべき神の恵み、限りなき甘美な響き……。

奴隷貿易の船長だったニュートン牧師

その感動から覚めたとき、私はこの歌はどういう歌だろうと調べ出した。どうも十八世紀頃、イギリスのジョン・ニュートンという牧師が書いたものらしいとはわかったが、それ以上のことはわからなかった。

ところが月日が経つに連れて、ニュートン牧師はかつて奴隷《どれい》船の船長として奴隷貿易に従事しており、西アフリカのシエラレオネやセネガル、ガンビアで黒人を購入してアメリカ大陸に運び、綿花畑やトウモロコシ畑の肉体労働者として売りさばいていたということがわかってきた。一航海あたり数百人、七年間で二千人あまりの奴隷を売りさばいていたというのだ。

当初ニュートンは、当時の社会がそう考えていたように、原始的で未開な黒人が労働力として社会を支えるのは当然のことだと思っていた。世の中には優秀な人種と暗愚な人種があり、優秀な人種は社会の指導層になり、暗愚な人種は社会を下支えするのだと。

しかし、ニュートンは理性では自分をそう説得しても、過酷な状況に置かれた黒人奴隷たちの悲哀の声は否定すべくもなかった。いかに必要悪として認めたとしても、夫婦や親子がその意思に反して引き裂かれて売られていく悲劇を無視することはできなかった。

一七五五年、ニュートンは病気にかかったのを契機に、三十歳で下船した。そして少年時代の夢だった聖職者になって、後半の人生をやり直そうと思い立った。それから六年の奮闘の末、ロンドンから北西部へ九百キロメートルほど離れたオルニーという小さな町のセント・ピーター・アンド・セント・ポール教会の副牧師にようやく採用された。

牧会に従事し、祈りの生活を経るにつれて、魂が清められていく。するとますます、かつて奴隷貿易に従事したことがどんなに悪いことだったか気づかされ、その懺悔《ざんげ》の思いから、讃美歌『アメイジング・グレイス』の歌詞を書き上げたのだ。

社会の最底辺に広がっていった讃美歌

この讃美歌はイギリスでも歓迎されたが、イギリスから独立したばかりのアメリカに伝わり、苛酷《かこく》な運命に翻弄《ほんろう》されていた黒人奴隷たちの心を打った。自由を奪われて南部の農場で働かされ、現世に何らの希望を見出せなかった彼らは、『アメイジング・グレイス』に激しく共感した。だからこの歌は黒人霊歌ではないかと思われるほどに親しまれ、歌われたのだ。

黒人と同様、マイノリティ（少数民族）のネイティブ・アメリカンもまた悲しい経験をしていた。チェロキー・インディアンの居住区で金鉱が発見され、白人はそれをわずか五百万ドルで買い取って、彼らを追放した。西部への逃避行で四千人もの仲間が次々に倒れたとき、彼らは死者を荒野に埋葬し、葬送の歌としてこの歌を歌ったという。

共感の環《わ》が白人たちにまで広がっていったのは、一九六〇年に入ってからだ。ベトナム戦争が出口の見えない泥沼の戦争と化し、政府も国民も疲弊《ひへい》し、もう誰も信じることができなくなっていったとき、フォーク歌手のジョーン・バエズのバックコーラスをしていたジュディ・コリンズが歌いだして爆発的にヒットし、燎原の火のように全米に広がっていったのだ。

奴隷貿易禁止法を成立させたニュートン牧師の執念

さまざまなことがわかってくるにつれて、私はイギリスに取材に行きたいと考えるようになった。ニュートン牧師の生家や、奴隷貿易に携わっていた頃住んでいたリバプールの家、あるいは牧会活動を始めたオルニーのセント・ピーター・アンド・セント・ポール教会、この歌詞を書いた牧師館、それにロンドンのセント・メアリー・ウルノス教会を訪ねたいと思った。

それにこれまでの取材の過程で、ストラッドフォード・アポン・エイボンに住むマリリン・ローズさんがジョン・ニュートンの研究家であることを知ったので、彼女を訪ねて話したいと思ったのだ。

高校や聾唖《ろうあ》学校の教師をしていたマリリンさんは椎間板《ついかんばん》ヘルニアを患って寝たきりになったとき、ベッドでニュートン牧師の説教集を読んで感動したことから、彼の事跡を追い始め、現在では「ジョン・ニュートン・プロジェクト」を立ち上げて活動しており、ニュートンの最大の研究者だ。

私は自宅にマリリンさんを訪ね、終日話し込んだ。彼女は入手したさまざまな資料を見せて、私のいろいろな疑問に答えてくれた。そしてニュートンの生家や、彼がオルニーから移ったロンドンのセント・メアリー・ウルノス教会や、その頃、彼が住んでいた通りなどを案内してくれた。

訪ねてみてわかったのは、セント・メアリー・ウルノス教会は英国銀行や王立証券取引所が建っている金融街シティの中心部にある教会で、ロンドン市長もその信徒になっている名門中の名門の教会だった。ニュートン牧師は田舎の教会の副牧師でスタートしたものの、とうとう最高の地域の牧師職に就任したのだ。

ロンドンに移ってからのニュートン牧師は牧会のかたわら、奴隷貿易禁止法の成立に心を砕き、枢密院では二度も証言台に立ち、奴隷貿易は禁止すべきだと説いた。この法案が国会を通過したのは、彼が運動を始めてから実に二十八年目の一八〇七年のことである。彼はもう聴力が失われていたが、奴隷貿易禁止法が成立したことを聞き、歓喜のうちに八十二歳の生涯を閉じたのだ。

私は今年（二〇一一年）秋にはニュートンが奴隷貿易をしていた西アフリカのセネガル、ガンビア、シエラレオネに取材に行こうと計画しており、来年にはこの誕生秘話が書きあがる予定だ。

『アメイジング・グレイス』に見る神性と獣性

安岡正篤が運営していた全国師友協会から発行した『憂楽秘帖《ゆうらくひちょう》』に次のような一節がある。

「『ハムレット』の中に、『人間というものは何と霊妙に出来たものであろう。理性に高貴、才能に無限、形も動きも優れて美しい。挙止《きょし》は天使の如く、智慧《ちえ》は神を想わせる』とある。初めて読んだ大学生の頃、これに思わず唸《うな》ったものである。

ところが彼の喜劇『ヴェニスの商人』の中で、高利貸のシャイロックにグラシアーノをして、『貴様の、その山犬のような魂は元来狼に宿っていたのだ。その狼の魂が貴様の身体にもぐりこんだのだ』と怒鳴らせている。孰れも斉しく人間である。東洋の方にも、狼人《ろうじん》・狼性《ろうせい》・狼心《ろうしん》というような、漢代からの古語がある。文明とは要するにこの身体にもぐりこんでいる狼性・狼心を叩き出して、聖性・仏性・神性に還《かえ》すことに帰する」

私はジョン・ニュートンに関するさまざまな資料を読みながら、彼の中での神性と獣性、光と影のせめぎ合いについて考えさせられていたから、この一節は強く響いた。ニュートンは自分の中の獣性に屈するのではなく、彼の中の神性が命ずるまま、奴隷貿易禁止法の成立に奔走し、ついにその成立に漕ぎつけた。神性が獣性に勝ったのだ。

私はセント・メアリー・ウルノス教会に案内してくれた友人が、教会に設置されたパイプ・オルガンで、無心に弾いていた『アメイジング・グレイス』を聴きながら、人間性の内に潜《ひそ》む神性と獣性のせめぎ合いだったニュートンの人生を振り返っていた。人間の歴史は自らの獣性を克服する歴史だったのだ。

2　日本に帰化したドナルド・キーン氏の決断

一服の清涼飲料水となったキーン氏の行動

平成二十三（二〇一一）年四月二十三日付の読売新聞夕刊が、日本文学研究の第一人者で、日本文化を欧米へ広く紹介してきたドナルド・キーン米コロンビア大学名誉教授（八八）が日本国籍を取得し、永住を決意したと報じた。マグニチュード九という世界最大級の地震に見舞われながら、それを従容《しょうよう》と受けとめ、お互いに助け合って復興に立ち上がっている日本人を見て感動し、

「日本は震災後、さらに立派な国になる」

と確信し、永住を決したという。

キーン氏は青年時代、日本文学を考察する中で、人間観と人生観を養い、

「日本という国がなかったら、私は果たしてまともな人間になれたかどうか」

とまで語っている。

キーン氏は米海軍兵士として、日本が太平洋戦争の焼け跡から敢然と立ち直っていった姿を見ているから、今回もこの惨状を乗りこえ、さらに立派な国になると信じるというのだ。

また永井荷風《かふう》と並び称される日記作家で、詩人でもある高見順《たかみじゅん》が太平洋戦争末期、我慢強く疎開する人々を東京・上野駅で見かけ、「こうした人々と共に生き、共に死にたい」と日記に書いていることにも触れ、「私は今、高見さんの気持ちが分かる」とも語っている。

多くの外国人が放射能の危難を恐れて日本を脱出するという時期に、よくぞ日本に帰化し、永住するというから頭が下がった。

いや日本は太平洋戦争の傷跡から立ち直ったばかりではない。長崎、広島で原爆が炸裂《さくれつ》し、その後何十年も後遺症に苦しむという人類初めての悲劇を経験しながら、誰も恨むことなく立ち直ってきた。今度も福島第一原発の放射能被害によって強制疎開を余儀なくされた人が、

「私には東京電力を恨むことはできません。あの方々も被害者であり、原発事故を鎮圧するために防護服を着て、必死に事故処理に当たっておられます」

と語っておられるのを聞いて、目頭が熱くなった。

この精神の高さはどこから来るのだろう。市井の無名の市民の中にすらあるこの精神の気高さがキーン氏をして日本への帰化と永住を決意させたのだ。

原発事故を素晴らしい結果に結びつけよう

私はこの原発事故がよその国で起きたのではなく日本で起きたことに感謝したい。日本だったらパニックに陥って、人を非難して恨みつらみの泥沼に化してしまうのではなく、この危難を見事に乗り切って、世界に範を示すことができると思う。いやできるからこそ、天はこの厄災《やくさい》を敢《あ》えて日本に下されたのではなかろうか。

安岡正篤は『東洋的学風』（島津書房）にこう書いている。

「日本の民族精神・民族文化といえば、その根本にまず以って神道を考えねばならぬ。その神道の根本思想の一つに『むすび』ということがある。『むすび』ということから、人生すべての事が始まる。

仏教の言葉でいえば『縁起』である。ある事がこの「縁」によって「因」となり、

「果」を生じる。すぐれた因が、すぐれた縁で、すぐれた果を生ずる。勝因・善因が勝縁・善縁によって、勝果・善果をむすぶ。このむすびほど不思議なものはない」

安岡は日本民族が厄災をも善因ととらえる叡智を暗黙のうちに身につけていると知っていて、それを神道の根本思想である《むすび》の思想に結びつけて説明している。日本人はこれまでも泣きたくなるような状況をもあっけらかんと受け止め、営々と努力して善果に結びつけてきたのだ。

今回の東日本大震災でも、政府や地方自治体の対応の遅れをなじるのではなく、自力で対応しようと努力している人々が大勢いる。もちろん世の中にはさまざまな人がいて、不平ばかり言って、政府におんぶに抱っこという人もいるけれども、大半は自助努力でこの危難を乗り越えようとしている。その姿勢にドナルド・キーン氏は共感したのだ。

今回の一見悲劇であり大惨事とも見える厄災も、天は日本人だったらすぐれた果に結びつけてくれると期待してのことではなかろうか。その期待に見事に応えたい。そして紛争に明け暮れる世界に対して、別な道があるのではと提言できる日本でありたいと思う。

3　皇居でのかいま見た天皇皇后さま

皇居での勤労奉仕

平成二十三（二〇一一）年六月十四日から四日間、皇居の勤労奉仕に行った。前回行ったのは平成九（一九九七）年だったから十四年ぶりである。今回も正月の一般参賀や国賓《こくひん》の接遇などでテレビに映し出される宮殿や東宮御所の庭で草取りをして、いい汗を流すことができた。

それに今回もまた勤労奉仕の四日目に、宮内庁の北側にある蓮池休所で天皇皇后さまのご会釈を賜《たまわ》ることができた。

前回、奉仕に伺ったときのことである。一日目、私たちは暑い日差しの中での草取り作業を終えて帰路に着き、上道灌濠《かみどうかんぼり》から宮殿の裏手を紅葉山《もみじやま》の方へ抜けようとしていた。宮殿の裏手に差し掛かると、公務を終えて、賢所《かしこどころ》に向う道を歩いて吹上《ふきあげ》御所にお帰りになる天皇さまに遭遇した。

私たちが天皇さまに気づいて直立不動になると、私たちに気づいて手を振って労をねぎらわれた。私はごく自然な天皇さまのお姿に触れて嬉しかった。そうした光景を彷彿《ほうふつ》させるのが、天皇さまの次のお歌だ。

務め終へ歩み速めて帰る道
　月の光は白く照らせり

こういう自然体のお姿に接することができるのが、皇居での勤労奉仕の魅力のひとつである。今回の勤労奉仕で特筆すべきことは、皇居の中の皇居ともいうべき宮中三殿の周辺の草取りをすることができたことだ。私は天皇さまの祈りの場である宮中三殿に前々から詣《もう》でたいと思っていたので、今回念願がかなって最高に幸せだった。

皇居の中の皇居、宮中三殿

宮中三殿には、天照大神《あまてらすおおみかみ》を祀《まつ》っている賢所《かしどころ》、歴代天皇と皇族を祀っている皇霊殿《こうれいでん》、それに天神地祇《てんじんちぎ》を祀っている神殿がある。また賢所には伊勢神宮に祀られている天照大神の御霊代《みたましろ》である八咫《やた》の鏡の写しである神鏡が奉斎《ほうさい》されている。

天皇さまは国家元首として数々の国事行為を行われるほかに、祭司として天と地をつなぐ重要な役割がある。そうした天皇さまの祈りの場が宮中三殿なのである。ここには祈る前に心身を清め沐浴《もくよく》する場所もしつらえてあることからわかるように、祖霊に祈るということはきわめて真剣な行為なのである。

祖霊の前にひれ伏し祈ることは、千年の時空を超えて瞑想することであり、内省することである。こうして天と地をつなぐ「すめらみこと」の心情が形成されていく。天皇皇后さまが国民《くにたみ》の父母《ちちはは》であることができているのは、そうした祭祀《さいし》を日常的に積み重ねておられるからである。

次のお歌は天皇さまの朝ごとの賢所での務めの様子をうかがわせてくれる。平成十八（二〇〇六）年の年頭、宮中三殿で行われた歳旦祭《さいたんさい》でのことを詠まれたものである。

明け初《そ》むる賢所の庭の面《も》は
　雪積む中にかがり火赤し

お祈りされる早朝、賢所の前庭にまっ白い雪が降り積もっていた。降りしきる雪の真中《まなか》に、赤々とかがり火が照り輝いていた。歳旦祭が始まる午前五時半ごろはまだまっ暗だったが、お祭が進むにつれて賢所の庭に降り積もった雪が朝日に照り映えていた……というのだ。

天と地をつなぐ祭司として、あるいは国民の父母として、宮中三殿での祭祀こそ、天皇《すめらみこと》が最優先されるお務めなのである。

国民の父母として祈る

次のお歌は第一二六代目の天皇になられた今上天皇さまが、ご在位十五年目をお迎えされて詠まれたものだ。

人々の幸《さち》願いつつ国の内
　めぐりきたりて十五年経《へ》つ

父君の御世《みよ》は六十四年という長きにわたったと思っていたが、自分の代になってもはや十五年の月日が経ってしまった……そういう感慨を込められたお歌だ。賢所でのことを詠まれた昭和天皇のお歌にもこうある。

我が庭の宮居《みやい》に祭る神々に
　世の平らぎをいのる朝々

降る雪にこころ清めて安らけき
　世をこそ祈れ神のひろまえ

天皇といえども人の子である。できないことはたくさんある。だからこそ神の前に祈り伏される。痛々しいほどの努力をされているのだ。

明治四十三（一九一〇）年五月に、幸徳秋水《こうとくしゅうすい》らによって明治天皇の暗殺が企てられるという事件が発覚した。そのとき、明治天皇はこう詠んでおられる。

罪あらばわれを咎《とが》めよ天《あま》つ神
民はあが身の生みし子なれば

自分を暗殺しようとした者たちに対して、天皇がどういう心境にいらっしゃったか伝わってくるものがある。国民の父母になり切ろうと努力しているけれども、それが果せず、天つ神に泣いてお詫びをされるすめらみことの心情が吐露されている。
被災地へのお見舞いにはどの公務より率先して駆けつけられる天皇皇后さまだが、そのときの感慨がこういうお歌に詠まれている。

笑《え》み交《か》はしやがて涙のわきいづる
復興なりし街を行きつつ

幸《さき》くませ真幸《まさき》くませと人々の
声渡りゆく御幸《みゆき》の町に

被災地を慰問に回られる天皇皇后さまの目にも被災者の方々の目にも涙がこぼれ、それが深い共感となって結ばれていく。その光景が浮かんできて、私もついつい目頭が熱くなる。国民の父母として、また私たちを天つ神《あまかみ》につなぐ祭司として務めを果たしていてくださることに対して、ただただ感謝でならない。

道は人間に発して徳となる

終戦の詔勅《しょうちょく》を刪修《さんしゅう》するなどして、昭和天皇の厚い信認を得ていた安岡正篤は、『人物を創る』（プレジデント社）に、徳は宇宙の本体から来ると説いている。

「宇宙の本体は、絶えざる創造活動であり、進行である。その宇宙生命より人間が得たるものを『徳』という。この『徳』の発生する本源が『道』である。『道』とは、これなくして宇宙も人生も存在し得ない、その本質的なものであり、これが人間に発して『徳』となる」

天皇さまは賢所で祈ることによって、天から徳を授かっておられる。勤労奉仕する者たちに蓮池休所でお会いされ、労をねぎらわれる天皇皇后さまのお顔があれほどおだやかであるのは、この祈りと深いかかわりがあるのではなかろうか。

私は天皇さまがどういう読書をされているのか、寡聞《かぶん》にして知らない。しかし、『人間学のすすめ』(福村出版)の次の文章なども、案外天皇さまの目に止まり、発奮されているのではなかろうか。

「敬という心は、言い換えれば少しでも高く尊い境地に進もう、偉大なるものに近づこうという心であります。したがってそれは同時に自ら反省し、自らの至らざる点を恥づる心になる。省《かえり》みて自《みずか》ら懼《おそ》れ、自ら慎《つつし》み、自ら戒めてゆく。偉大なるもの、尊きもの、高きものを仰ぎ、これに感じ、憧憬《あこが》れ、それに近づこうとすると同時に、自ら省みて恥づる、これが敬の心であります」

安岡が「人生の師父」と仰がれる真骨頂がここに吐露されている。人間はいくつになっても「敬」の心を失ってはならないのだ。

私利私欲にまみれ、魑魅魍魎《ちみもうりょう》が跋扈《ばっこ》する政治や経済の世界から離れて、こんなに清涼な世界で、人としての道を踏み行おうとしている人がいる。そういう人を天皇《すめらみこと》として仰いでいる私たちは幸せな国民である。

4　和歌の力の蘇りを祈る中島宝城さん

欽明天皇の山稜祭で

飛鳥《あすか》なる平田の字《あざ》の山稜《みささぎ》の
　祭のさなか谷蟆《たにぐく》は鳴く

この歌は奈良県明日香《あすか》村の平田にある欽明《きんめい》天皇千四百年年式年の山稜祭《さんりょうさい》に参列した折の情景を式部官副長の中島宝城《ほうじょう》さんが詠んだものである。

雅楽の演奏で始まった祭典は、濠《ほり》を廻らせた雄大な前方後円墳の御陵で厳かに執り行われた。その間終始、山稜の濠のどこにいるのか、一匹の蛙《かえる》が重々しい声で伸びやかに鳴いていたという。

万葉の時代の大らかさを感じさせる伸びやかな短歌で、歴代の天皇を大切に祀《まつ》って歴史の一体感を失わないわが国のよさを感じさせてくれる秀歌だ。

谷蟆は万葉集にも出てくる蛙の古語で、中島さんの郷里の福岡県八女《やめ》地方では今でも「タンガク」と呼ばれているという。こうした古い言葉がいまなお残っていることにも、歴史が息づいていることを感じさせてくれておもしろい。

中島さんの詠進を励ました天皇さまのお言葉

中島さんの和歌とのかかわりは、昭和五十二（一九七七）年にさかのぼる。同年六月、中島さんは東宮侍従《じじゅう》を拝命し、皇太子さま（現在の天皇さま）にお仕えすることとなった。東宮御所《ごしょ》では毎年十一月、文化祭に相当する作品展が催され、皇太子同妃両殿下、お子様方、東宮職員、皇居警察職員などの短歌、俳句も出品され、入選作が展示される。新入りの中島さんも短歌と俳句を出品した。すると、なんとこれが入選してしまい、これがきっかけとなって短歌を詠み始めた。

そんなある日、皇太子から月次《つきなみ》の詠進《えいしん》をするようにとのお言葉があった。御前に上がるたびに、「詠進していますか」とお尋ねになるので、これはもう逃げられないご命令だと観念した。

そんなある日、吹上御所にお住いになっている天皇さまにお会いする定例御参内《さんだい》の帰りの車中、皇太子さまから中島さんに次のようなお言葉があった。

「今日はとても嬉しいことがありました。天皇陛下が、中島さんが詠進した歌の短冊をわざわざお部屋からお持ちになって、東宮さんの侍従がこんな歌を詠進してくれたと嬉しそうに見せてくださいました」

中島さんは大感激し、これからはもっと身を入れて歌を詠まなければという気になった。

「だから私の歌詠みのきっかけは昭和天皇であり、今上天皇なんです」

詠草はただ単に短歌の技法を磨くに留まらず、歌い手の志操《しそう》を高めていくことでもあった。昭和天皇は避暑先の那須高原でこんなお歌を詠んでおられた。

　空晴れてふりさけ見れば那須岳は
　　さやけくそびゆ高原のうへ

それに導かれるように、中島さんの歌詠みも進んでいった。

こうして東宮御所で侍従として五年間勤めた後、式部官として十六年間、歌会始めなどの宮中の儀式を担当した。

山川草木も花鳥風月も一視同然

中島さんは歌会始め担当ということもあって、最初の勅撰《ちょくせん》和歌集である『古今《こきん》和歌集』の序文として、紀貫之《きのつらゆき》が書いている言葉に改めて強く共感した。

「和歌《やまとうた》は、人の心を種として、万《よろず》の言の葉とぞなれにける。（中略）花に鳴く鶯、水に住む蛙《かはづ》の声を聞けば、生きとし生けるもの、いづれか歌を詠まざりける。力をも入れずして天地を動かし、目に見えぬ鬼神をもあはれと思はせ、男女《おとこおむな》の仲をもやはらげ、猛《たけ》き武士《もののふ》の心をもなぐさむるは、歌なり」

この一文を引用して、中島さんは和歌が私たちの心にもたらすものをこう表現する。

「和歌の核心にあるのは、『人の心』です。その心は、一木一草のゆらぎにも容易に同化し、鳥や獣、虫や魚とともに歌を歌う心です。人間だけでなく、鶯や蛙をはじめ、生きとし生けるものすべてが歌を歌っているのです。

日本人はこれを歌と聞きならし、歌を歌ってこれに応え、また歌を歌ってこれに呼びかけることができるのです。和歌がこのようなものである以上、それが男女の仲を和らげ、荒々しい武士の心をも和ませるのは当然のことでした」

日本人にとって山川草木も花鳥風月も一視同然で、互いに歌を通して響き合っているのだ。

「西欧の詩において最も重視されるのは、個人の独創的な着想や、天才的な閃《ひらめ》きですが、日本の歌において最も尊重されるのは、ある人の歌が他の人によって共感され、応答されることです。さらには人間以外の鳥獣虫魚、山川草木、森羅万象の心や霊魂にさえ、共鳴を起こし、その歌が山彦となって返って来るのです」

そして中島さんは、この共感、共鳴、応答は、歌だけではなく、文学、書、絵画、彫刻、舞踊などの芸術芸能、さらには茶道、華道、香道など、日常の生活を限りなく美しくしてゆく「生活芸術」を貫いて、世界にも類《たぐい》まれな日本人の生活様式、風俗習慣の底流をなしているという。

「言い換えれば、この『和』の理念は、日本人の生き方、感性、美学の基本をなしてきました。これらのすべてに通じる『和』の理念は、人も動物も生きとし生けるものすべてを含む天地万物との『平和と共生』を希求するものとして、まさに天皇の治世《まつりごと》の理想とすべき理念に他なりませんでした。

この和歌の『和』の理念、理想こそが五百年以上にわたって、二十一代の天皇、上皇が『勅撰和歌集』を編纂《へんさん》し続けられた理由でもありました」

長らく歌会始を担当してきた中島さんは今日の和歌（現代短歌）がその美しさと力を蘇らせるためには、声に出して詠み歌うことが必要だという。現代短歌は歌うことを疎《おろそ》かにしてしまって「声の言葉」であることから離れ、いつの間にか散文と同じく意味内容を主とする「文字の言葉」になり下ってしまった。それに声に出してゆるやかに歌ったり、言葉の調べや声の響きを楽しむことをしなくなったので、生命《いのち》の息吹を失ってしまったという。

だから中島さんは、短歌は宮中での歌会始のように悠揚《ゆうよう》と詠唱されるべきだと、まずは披講《ひこう》（声を出して歌うこと）を推奨《すいしょう》している。中島さんが特別選考委員になっている「しきなみ子ども短歌コンクール」でも、入選作を披講し、現代短歌を伝統文化の中に復活させている。こうして中島さんは宮中に保たれてきた文化を一般にも伝承させようと、架け橋的役割を演じているのだ。

「感性を磨くには詩作に限る」と安岡正篤

安岡の人間観は「人間は宇宙生命の申し子である」というものだ。宇宙生命は絶えず創造・変化・発展を続けている。人間がこの宇宙生命を捉えるのは感性であり、インスピレーションによって感動がもたらされるという。

たとえば『知命と立命』（プレジデント社）に、

「人間の進歩というものは、偉大なる発明発見でも悟りでも、すべてインスピレーションとか感動から始まる。ただし感動するためには、我々の心の中に感受性がなければならない」

と書いている。

感受性を大切にし、みずみずしい心を育てていると、その人全体がいつしかリズミカルになっていき、風韻《ふういん》と呼ばれる人格が培《つちか》われていくという。

『朝の論語』（明徳出版社）にもこう述べている。

「人格ができて来ますと、すなわち人物になって参りますと、どこかしっとりと落ち

着いて、和《やわら》かく、なごやかで、声もどことなく含み、潤い、響きがあって、その人全体がリズミカルになるものであります。すなわち風格・風韻・韻致《いんち》というものができてくるのであります」

人間が大自然のリズムに共鳴すると、紀貫之も言ったようにいつしか詩となってほとばしり出る。だから詩や短歌を詠むのは自分の感性を高め、風韻と呼ばれる風格を培うためには欠かせないのだ。

安岡自身、よく漢詩や短歌を詠み、大自然のリズムを取り込んでいた。たとえばこんな短歌がある。

　伊予《いよ》の海我か越えくれは君か住む
　　島の青山雲たちわたる

人間は世事に追い回されると、ついつい卑小になってしまうものだが、大自然に目を転じ、その雄大さを味わうと、いつしか気分も回復し、壮大な気持ちになる。あるいはこういう短歌も詠んでいる。

五月雨《さみだれ》の晴れ間を行けは山栗の
花の香《か》匂ふ峠路《とうげじ》の朝

人間は大自然と交わると、自ずからさわやかで、前向きで、建設的になる。人間とは本来そういうものなのである。安岡も大いに詩作してリズミカルな人格を養った。日本人は万葉の昔から和歌を詠むことによって、人間の本来の姿を養っていた。これまた先人の知恵なのである。

5　人のお役に立ってこそ

人生は「自らを靖んじ、自らを献じる」こと

「我々は何のために学ぶのか」

これは安岡正篤が『知命と立命』（プレジデント社）の中で発している言葉である。太古の昔から今日に至るまで、生を享《う》けた者は誰もが発してきたこの問いは、こうも置き換えることができる。

「我々は何のために生きるのか？」

この苦悶《くもん》があるがために、人間は時間を徒労にすることなく、目覚め、発憤して、見事な人生を生きることができる。それゆえにこの自問を発することができる人間は幸せだといわなければならない。

安岡はこの自問に同著でこう答えている。

「平たく言えば、内面的には良心の安らかな満足、またそれを外に発しては、なんら

かの意味において世のため、人のためにに自己を献《けん》ずるということである。これを発しては世のため人のためにに尽くすということ、これなくしては人間ではない。動物となんら異ならないのであります」

安岡がこう答えた背景に、中国古典の思想「自靖自献《じせいじけん》」がある。

――道を求め、書物を読むのは、天地の理《ことわり》をつかんで、安心立命《あんじんりゅうめい》に至り、自分が命を奉げる課題（テーマ）を見いだして、世のため、人のためになることである、という意味だ。

この「自靖自献」の自覚ほど人間の精神を溌剌《はつらつ》とさせるものはない。人のお役に立てているという思いは、この世に生まれてよかった、私でも生きる価値があるという満足感を生み出すのだ。

耳を傾ける人は尊い

先日読者でもある精神科医からメールをいただいた。クライアント（患者）の悩みに耳を傾け、彼の心のしこりをほぐす立場にありながら、彼を自殺に追いやってしま

い、

「私は本当にクライアントのお役に立てているのだろうか……」

と悩み、落ち込んでいるというのだ。

何度かメールのやり取りをし、この方の苦しみを聞いたあと、私はこうメールを送った。

「私はあなたがプロフェッショナルな精神科医だと自信を持ってクライアントに臨まれるよりも、自分の資質に疑問を抱き、迷いながら、謙虚に耳を傾けられる方がいいと思います。その方がクライアントはこの先生は本当に私の悩みを理解しようとしてくださっていると感じるのではないでしょうか。

人は説教し、アドバイスしてくれる人ではなく、ひたすら耳を傾けてくれる人を求めています。いっしょに涙を流してくれる人を求めているのです。

だから大いに悩み、苦しんでください。その闇を経てこそ、真に聴く力を持った精神科医になれるのではないでしょうか」

そして私は拙著『マザー・テレサへの旅路』（サンマーク出版）でも紹介した、マザー・テレサは本当に聴く耳を持った方だったというエピソードを紹介した。

私はコルカタでのボランティアの後半は、行き倒れのお年寄りを世話している「死を待つ人々の家」で奉仕した。「死を待つ人々の家」はカリー寺院の一角に設けられていて、ここで息を引き取る人も多い。そのため夕方になると保健所の軽トラックが、死体が入っている遺体袋を引き取りに来て、荷台に無造作に積んで持っていく。ここでは「死」はごく日常的なことなのだ。

午前中の掃除や洗濯で疲れ果てたボランティアたちは、暑い盛りの昼過ぎはベランダで昼寝をし、活力を取り戻してから、午後の活動に入る。その間シスターたちは日の射さない薄暗い病室に入って行って、お年寄りのベッドに寄り添って話を聞いている。

この人生で何があったのか、ぼそぼそと語るお年寄り。そこまで死がやってきているその手を握り、口元に耳をつけるようにして、話をジーッと聴いているシスターたち……。

静謐《せいひつ》な時間が流れていく……。

そして身寄りのないお年寄りは最後に漏らすという。

「ありがとう。わしにこんなに時間を割いてくださって。もう思い残すことはありません。生まれてきて、あなたに会えてよかった」

これがマザー・テレサの施設で日常的に起きている出来事なのである。


私はその精神科医を励ました。

「ひたすら耳を傾けてください。共感するのです。クライアントが誰にも理解されないと寂しさを訴えるとき、いっしょに泣き、涙を流すのです。自分は治療できるなんて考えるのもおこがましい。できることはただただ共感し、いっしょに涙を流すことだけです。そこからクライアントは立ち直っていくのです」

自分が輝くのではなく、人を輝かせるために汗を流すのである。人のお役に立ちたいと念願した人は黒子に徹することができる。産婆役に徹し、縁の下の力持ちに徹すると、逆にその人は必要とされ、輝き出し、ますます真価が発揮されていくのだ。

6　確固とした人間観を持つ

人間は「無限を有限化した存在」だ

人間とは何か！

一定の人間観を持つことは、自分の座標軸がぶれないために大切なことである。これを持たないと現実の出来事に影響されて、迷ってしまう。私は自分の人間観を形成するにあたって、安岡正篤の人間観には大変参考になった。安岡は『運命を開く』（プレジデント社）にこう書いている。

「人間の生命というものは全きもの、無限にして永遠なるものです。その偉大な生命がなんらかの機縁によって、たまたま一定の存在になり、一つの形態を取るのです。我々人間が存在するということは、すでに無限の限定であり、無限の有限化であることを知る必要があります。この有限化を常に無限と一致させるということが真理であり、道理であり、道徳であります」

私も青年時代からいつも「人間とは何か」という「永遠のテーマ」を考え悩んでいたので、この一節を読んだとき、膝を叩き、まったくそうだとうなずいた。

――私という存在は無限なる存在が有限化して現れたのだ。従って地上に出現した私という存在を錬磨して、大本の無限なる存在に限りなく近づけることは、私に託された使命だ。私は私をつくり上げることを通して、天地創造に加担し、その一翼を荷っているのだ！

その自覚は「聖使命の自覚」とすら言うことができた。この使命に目覚めたら、頑張らずにすますことはできない。こうして夜も昼も、寝ても覚めても、ただひたすら精進する日々が続き、少しずつ形ができていった。

独を抱き、絶対の境涯に立つ

安岡が私に気づかせてくれたものに、「独《どく》を抱く」ことの大切さがある。『照心語録』（致知出版社）にこう書いていた。

「人間にとって『独を抱く』ことは非常に大切なことだ。独とは単なるひとりではな

く、相対に対する絶対の境涯《きょうがい》を示す。つまり、群衆に伍《ご》す、ものに混ずることなく、自己に徹するということだ。人は自己の絶対に徹して初めてあらゆる相対に応ずることができる」

私は安岡の勧めに従って、一日の執筆が終わると書斎の灯りを消し、月明かりや星明かりを招き入れて独り坐る。静寂なひと時が流れ、いつしか悠久《ゆうきゅう》なる世界、絶対の世界に対峙《たいじ》する。

すると、世俗の世界にあったときの心の乱れが消えてゆき、絶対の自分が現れてくる。そして今生の人生でこれだけは成就しておきたいという心願が固まっていく。それは揺るがない。自分の弱さや他者に妥協しない。孔子がそうであったように、「一《いち》以《も》って是《これ》を貫く」信念ができてくる。その姿ははた目には頑固に見えるかもしれないが、本人はいたって自由で、融通無碍《ゆうずうむげ》である。明鏡止水の境地だ。

と言えばかっこいいが、少なくとも目標とすべき境地が見えてきたことは確かだ。だから安岡には感謝せずにはおれない。安岡は私の心の眼を開いてくれた「人生の師父」だった。

7　人生はお互いを磨きあう魂の道場だ

私塾は民族精神の揺籃

一体、人間とは何なのか――。

古今東西、変わらぬ問いである。青臭いといえば青臭いかもしれないが、人間を奮い立たせる根源的な問いである。その問いに対してはっきりした見解を持つためには、鳥が大空を滑空しながら地上を俯瞰《ふかん》するように、大所高所に立って、人生や人間を俯瞰してみることが必要だ。その俯瞰する精神的営みが人間学の学びである。

その学びは自ずから師を求め、価値観を同じくする仲間と切磋琢磨《せっさたくま》し、交歓するようになる。聖賢の学を学ぶことによって私たちの精神は凜とする。肝胆《かんたん》相照らす友を持つことによって、人生が彩《いろど》り豊かになる。類は友を呼ぶという諺《ことわざ》があるように、同じ価値観の者同士引き合い自然発生的に私塾が誕生し、栄えていく。

今日の日本を見ると、政治は国家の舵取りができず、相変らず権力闘争に堕し、社会は殺人事件や詐欺が横行して、ますます混迷を深めているようにみえる。それだけに全国各地で私塾が興り、コツコツとした学びが続けられているのは心強いかぎりである。

私塾は民族精神の揺籃《ようらん》であり、民族精神の営みそのものである。そうした民族は活力が持続する。日本民族の活力は私塾の努力によって脈々と受け継がれていると確信してやまない。

誠は天の道なり。これを誠にするは人の道なり

安岡正篤は人格を陶冶《とうや》することの必要性について、『運命を開く』（プレジデント社）で次のように述べているが、これは私塾の必要性を説いているとも理解することができる。

「陶というのは焼き物を造る、冶《や》というのは冶金《やきん》の冶で金属を精錬することでありま す。土を練《ね》り、焼いて、陶器を造る。鉄を鍛えて鉄器を造るようなもので、人間もやはり焼きを入れ、鍛えるということをやらなければ、ものになりません。自由放任で

は決してものになるものではない」

安岡は「人間は錬磨しなければモノにならない」という。そして錬磨するために人生にはさまざまな出来事が起きるが、それはその人を罰するために起こるのではなく、軌道修正させようとして起こる警告であり、足腰を鍛えようとする試錬なのだと説く。

それがわかったら試錬などものの数ではなくなる。逆境は自分をつぶそうとする悪意ではなく、自分の足腰を鍛えようと意図してのことだとわかったら、受けて立とうという気持ちになる。

そこから生まれる気持ちの余裕は、人間をどんな試錬にも耐えさせる。結果として、試錬を乗り越えることができ、足腰も強くなる。

私は脳梗塞で倒れ、闘病生活の最中、生き方を模索して悶々としていた。そんな私に安岡は『中庸《ちゅうよう》』にある「誠は天の道なり。これを誠にするは人の道なり」の意味を説いて励ましてくれた。

「――宇宙森羅万象の核心である天の本質は誠である。しかしながらその誠（理想）はいまだ形になっていないものもある。それを花も実もあるものにするのは人間の役割である。人間それぞれに人生という時間が与えられているのはそのためである」

先が見えない不安におののいていた私にとって、このことに目覚めたことは大きかった。私のような者でも存在する意味があるのだと、居場所が確保できたような安堵感を覚えると同時に、「私にもしなければならないことがある」と使命感を覚えたのだった。

闘病生活を経て、作家として生きる道が開けていった私は、ご恩返しのつもりで私塾を始め、各地で志帥《しすい》会、素行会、養心の会といった私塾を立ち上げてもう二十年になる。

互いに学びあい、刺激しあいながら、それぞれの人生の質を高めていくことができて本当にありがたいと思っている。

第5章

安岡正篤の慧眼

1　無関に遊ぶ

人生の関所を越える

安岡正篤が書いた書物は実に味がある。読みながらウーンと唸《うな》り、考え込み、歴史の光にわれとわが身を照らして内省する。読書が単にストーリーを楽しんだり、知識を得たりするのに終わることなく、真に血となり肉となっていくのはそういうときだ。

そんな類の本に『運命を創る』（プレジデント社）があり、こういう一節がある。

「禅家では関《かん》という一語をよく浴びせかける。関とは字のとおり関《せき》ということであり、すなわち引っかかり、行き詰まりであります。人間の一生は、特に若い人が考えているように、なかなか坦々《たんたん》たる大道ではありません。思いがけないところで、しばしば行き詰まりにぶつかるのであります」

そこには人生を一通り経験している者が持つ達観がある。関にぶつかったときにどうするか。人生の岐路である。ここであわてない。

安岡はさらに続けて述べる。

「人生はしばしば出合わねばならぬ関所を幾つも通り抜ける旅路であり、そこに一関、二関はうまく抜けても、三関、四関となると、往々《おうおう》にしてその関所を通ることができず、挫折する、引き返すということになりがちです」

そこを乗り越えることができた人は収穫の時を迎え、対処を誤った人は敗残者となる。しかも若いうちは、挫折すると再び立ち上がれないほどにダメージを受けてしまうものだ。

不思議なもので、人間はいつまでも落ち込んではいない。いつしか立ち上がり、再挑戦し、ついに活路を見出していく。

良き先達に恵まれて、難所を越える

安岡はそのあたりの機微を禅家の言葉でこう説明する。

「そこが関所だ！　そこを通り抜けろ！　という意味で、よく『関《かん》』ということを指示するのであります」

まさに「先達《せんだつ》はあらまほしきものなりけり」（『徒然草《つれづれぐさ》』）で、師家《しけ》はその人がどの時点に差しかかっているか見えているので、的確な指導ができるのだ。

そして安岡は最後の関門があることをこう説明する。

「難しい、解き難い、通り難い、すなわち難解難透の関をいくつか通りますうちに、ついに真の自由、古い言葉で申しますと、無碍自在《むげじざい》というような境地に到達して、『無関《むかん》に遊ぶ』こともできるようになります」

それで禅語の「無関に遊ぶ」とは、融通無碍の境地を指しているのだと納得がいく。若いうちは行き詰ってしまうと、なぜうまく行かないのかと焦《あせ》り、活路を求めて餓えた狼のようにさ迷い、自暴自棄になったりする。しかし経験を経るに連れて、それもこれも無碍自在な境地に至るために必要なプロセスなのだと受け止めることができ、落ち着いて対処できるようになっていく。

じたばたせずに、受けて立つという姿勢こそは、真の解決に到る道だ。目の前に展開している出来事は自分の内面の世界の反映に過ぎない。焦る自分をなだめ、淡々と対処しようという気持ちで取り組むと、自ずから問題は解け、活路は開けていく。

2　人生は神と自分との合作だ

スピリチュアルなものを大切にするのは時代の最先端だ

龍村仁《たつむらじん》監督の映画「地球交響曲《ガイア・シンフォニー》」の「第七番」が完成し、全国で逐次上映されて評判を呼んでいる。今回の「第七番」のテーマは「原始的直観を新たにする」である。龍村監督はそのメッセージを、世界各地の伝統医療と西洋近代医学の統合する「統合医療」の世界的第一人者アンドルー・ワイル博士や、自転車競技ツール・ド・フランスの覇者《はしゃ》グレッグ・レモンさん、さらに環境教育活動家の高野孝子さんに語らせている。

龍村監督はこの映画の中に「霊性の原風景」という章を設け、日本神道の源流を描いている。身をもって神社に参詣《さんけい》し、五感を解き放ち、第六感、すなわち原始的直観を冴《さ》えわたらせると、自ずから神道の世界が体得されるという。縄文の昔から神社は自分の狭い自意識を去りやすい場所だったのだ。

考えてみれば、映画「地球交響曲《ガイア・シンフォニー》」は「第一番」のときから、目に見えないもの、耳に聴こえないもの、しかし人間にとって本質的に大切な何かを描こうとしてきた。

龍村監督は第七番「霊性の原風景」の章で、

「大自然の目には見えない力に生かされていることを思い出すとき、人は素直になり、元気をとり戻すことができるのではないでしょうか」

と語りかけている。実はこれこそが私がこの稿で述べたいことである。

龍村監督は「目に見えない世界はどこか遠くにあるのではなく、目の前の日常生活の中にあると確信している」と言うが、まさしくそのとおりだ。

目に見えている世界と目に見えない世界は重なって重層構造になっている。静寂の中で瞑想していると、その実相が正しくキャッチできるようになる。

ケルト文化に造詣《ぞうけい》が深いジャーナリスト、ジョセフ・メイソンは、

「神社は日本人にとって原始的直観を新たにする霊的元気を回復する場である」

と指摘し、日本人の直感的把握力を高く評価している。私たち日本人にとって神社はまさしく瞑想の場であり、大宇宙に通じることによって霊的活力を得る場なのだ。

映画「地球交響曲」第七番はそうした宇宙の仕組みの核心に迫った会心の作だ。ぜ

ひ鑑賞されることをおすすめしたい。

瞑想は深層心理を活用する方法

ところで私はこの項でもスピリチュアルなことについて書いているが、それは私が個人的に精神医学に関心があるというだけではなく、時代の関心はそこに向いつつあるように思うからだ。安岡も意識の深層について、『禅と陽明学』（プレジデント社）でこう述べている。

「人間の意識の深層（無意識層）は、永遠につながっている。これは自分および父母・先祖代々の体験と真理の倉庫であり、秘密の蔵である。このことを近代の医学・心理学がようやく究明するようになってきた」

私がしばしば瞑想の効用を説くのは、意識の深層に横たわっている潜在能力を喚起したいからである。

テレビやラジオはアンテナがあってはじめて、画像や音声を受け取ることができる。人間もシャープなアンテナを備えていてこそ、はじめて天のメッセージを受け取ることができる。

人間はとても感受性の高いアンテナを内蔵している。いや人間自体が豊かな感応体なのだ。だから天からのメッセージに耳を傾けようという気持ちになると、驚くべきメッセージが届くようになる。

いや、わざわざそういう気持ちに切り替えなくても、すでに日常的に届いている。ただそれに気がついていないため、自分のアイデアで行動していると思い込んでいる。そのため自分でどれだけ世界を狭くしているかわからない。英語がしゃべれると世界は三倍ぐらいに広がるが、日本語だけしかしゃべれないと、日本人しか相手にできず、世界が狭まるのと同じだ。

自分は感応体であり、天からメッセージを受信して行動しているということがわかってくると、世界が広がって行く。それに肩から力みが取れて、とても素直になる。素直になると、何でも感謝して受けとり、喜ぶことができる。そんな人のところにはますます福が集まってくるのだ。

人生は神と自分との合作だ

人生は天と自分との合作だ。人間はこの人生でさまざまなことを経験し、自分独自のフィルターを形成して行く。何をやってもうまくいかず、「泣き面に蜂」のような惨めな経験をし、負け犬のような気持ちを味わったとしても、そこを乗り越えた人の明るい表情は新たな運勢を呼び込む。そのフィルターが独特だからこそ、誰の借り物でもない力強い作品が生み出されていき、観る人を感化するだけの力を持つのだ。

優れた人物は宇宙の重層構造に気づいているように思う。そういう人には宇宙からエネルギーが流入し、その力が二倍にも三倍にも表現されている。

最近、スピリチュアルなことがごく自然に話題にされるようになってきたが、これはみんなが宇宙の重層構造に気づきだしたからである。

自分に与えられている個性を通して、自分も何かを発信するようになっていることに目覚めたら、人生はもっともっと素敵なものになっていく。自分には能力がないのではない。紆余《うよ》曲折が多かったとしても、それは能力が輝き出すための助走だったことに気づけば、納得ができる。

スコットランドにある霊的コミュニティ、フィンドホーン共同体の創始者の一人で、ニューエイジの旗手ともいえるアイリーン・キャディは、私に「内なる声《インナー・ボイス》」を聴くことを教えてくれた。そのアイリーンが『心の扉を開く』（日本教文社）でこう語っている。

「知識は外から来るのに対して、直観とインスピレーションはあなたの内から来ます。そのため外部のどんなものにも影響を受けることはありません。学ぶべきことはすべてあなたの内から学びなさい」

絶対の権威は私たちの外にあるのではない。私たち自身の中にある。それを悟らせてくれるのは、私たちのインスピレーションである。

さあ、独り静かに座って心を澄まし、天来の声が自分の内からわき上がってくるのを待とう。静かに、おだやかにして、心を澄まそう。するとあなたの本来のよさが引き出されてくる。こうしてどこにもさしさわることのない自由の天地があなたの前に広がっていくのだ。

3　詩は私たちの心を癒してくれる

感性は宇宙の神秘を開く

「我々の個性はまことに宇宙の神秘を開く鍵である。我々は自《みずか》らの心田《しんでん》を培《つちか》う思想を濃《こ》まやかにし、直観を深くすればするほど、宇宙人生から不尽《ふじん》の理趣《りしゅ》を掬《く》みとることができる。大自然の生命の韻律《いんりつ》に豊かに共鳴することができる」

これは安岡正篤著の『儒教と老荘』（明徳出版社）の一節である。安岡は人間がそれぞれに持っている個性を高め、直観を深くし、共鳴できるようになればなるほど、汲めども尽きない宇宙の神秘を味わうことができると説く。

私は野鳥の図鑑が好きでよく見るのだが、見分け方や行動の癖などが書かれており、よくぞこんなことまで観測したものだと感心する。大自然の韻律に触れれば触れるほど感激し、畏敬の念が増していく。バード・ウオッチングは奥が深くて、一生かかってもいくらも知りえないだろうと呆然としてしまう。

安岡は更に続けて、こう書いている。

「天籟《てんらい》なるものがある。地籟《ちらい》なるものがある。人籟《じんらい》なるものがある。大自然の海の一波である我々の個性がその大いなる旋律に和して、そこにおのずから湧き出ずるものすなわち詩ということができよう」

籟《らい》とは穴の三つある笛のことで、簫《しょう》の別名である。そこから転じて、妙なる響きを奏《かな》でるものを指すようになった。従って天籟とは梢《こずえ》を渡る風の音を指し、地籟とは地上の響きのことを指し、谷川のせせらぎの音などをいう。人籟とは人の口から出る音のことで、笛の音や歌唱などを指し、その元となっている詩なども含む。

安岡は人間が大自然に和するようになると、自ずから韻律が湧き出てきて、詩という形を取るという。詩は大自然への共鳴作用なのだ。

安岡はさらに説く。安岡自身よく漢詩を書いたから、創作に至る心の動きがよくわかるのだ。

「詩の根底には、やはりどうしても純真なる生活、敬虔《けいけん》にして自由なる人格、少なくとも無限への憧憬《どうけい》、驚かんとする心がなければならぬ。感激は詩の生命である。これを表現する技巧は詩の皮肉である。この意味において、東洋民族は本性的に極めて詩

の華《はな》に富む瑞々《みずみず》しい緑樹であると思う」

こう説明されると、実際の詩歌を味わってみたいと思う。

俳句や短歌に見る大自然のきらめき

安岡は詩作には無限への憧憬が必要であり、それに驚かんとするみずみずしい心がなければならないと説いた。まさに「感激は詩の生命」だという。

では「蕉風《しょうふう》」と呼ばれる芸術性の高い句風を確立して俳聖と呼ばれた松尾芭蕉の俳句を見てみよう。

閑《しず》けさや岩にしみいる蟬《せみ》の声

岩に染み入るほどの静けさが、ミンミン鳴きたてている蟬の声でいっそう協調される。林の中で閑けさにたたずんでいる芭蕉のたたずまいが伝わってくる。誰もがああ、そうだなあと思わずにはいられない。瞬間的に自分もその静けさの中に移動してしまうから不思議だ。

山路来て何やらゆかし菫草《すみれぐさ》

汗を掻き掻き山道を登ってくると、足元に可憐《かれん》な紫の小さな花が咲いていた。思わず足を止め、その可憐な花に見入ってしまった。

誰でも持っている感激を、芭蕉はこのように俳句に詠んだのだが、それを読む私たちは、ああそうだと自分の経験がよみがえってきて、心がなごんでしまう。やはり「感激は詩の生命」なのだ。

大自然は宇宙の哲理を表わしている

しかし大自然は美をちりばめているだけではない。どんな事象も宇宙の哲理を表わしている。二宮尊徳は、大自然が直接語りかけているものは、書物が説いているものよりはるかに深いと、実学を学ぶことを説き、その思想をこんな和歌で表現した。

声もなく香《か》もなく常に天地は
　書かざる経をくりかえしつつ

詩文は情緒の表現だけでなく、思想信条の表明にもなるのだ。行脚に明け暮れて、自分の甘えをひたすら削ぎ落とそうとした山頭火は、呆然《ぼうぜん》として見入った山の青さをこう表現した。

分け入っても分け入っても青い山

山頭火の句を読みながら、私たちも同じ思いを共有している。詩は私たちを甦《よみがえ》らせ、清新溌剌としてくれるのだ。

4　壺中の天を持つ

鳥名人の田上さん

私は早朝のウォーキングを趣味としている。たっぷり一時間から一時間半歩いて汗を流す。家に帰ってシャワーを浴びて一日を出発するのだが、これほどリフレッシュされることはない。

このウォーキングのとき、時々出くわす人がいる。ここでは仮に田上《たがみ》さんと呼ぶことにする。田上さんは滅法野鳥に詳しく、野鳥については一家言持っている。喫茶店を経営してはいるが、もっぱら奥さんにまかせ、自分は鳥を観察して楽しんでいるという。

田上さんが話してくれたところによると、このあたり（千葉県佐倉市染井野）の田んぼにはケリがいるらしい。私も教えてもらって観察したが、クチバシは濃い黄色で先の方が黒く、背中は褐色だが腹は白く、翼の先だけが黒い。尾羽は黒く横筋が入っているので、水兵さんのようになかなかダンディだ。

ケリはとても親子の情愛が深い鳥で、親鳥がレンゲ草やタンポポの花が咲くあぜ道に舞い下りると、どこからか雛《ひな》が一目散に駆け寄ってくるという。見事な保護色をしているのでじっとしていると見分けがつかない。人が近づくと身を伏せて動かなくなるので、どこにいたかわからなくなる。

それにとても感心するような行動を取る。人間や外敵が田んぼの中の巣に近づくと、すぐ近くの田んぼに舞い下り、さも傷ついた鳥のように、翼や尾羽をバサバサと震わせ、自らオトリになって、外敵から雛を守るという。チドリ科の鳥はよくこの擬傷《ぎしょう》行動を取るらしく、親の愛はとても深い。

五月下旬になると庭のサクランボが赤く熟す。それを狙って訪れるのがヒヨドリだ。ヒヨドリはもともと森林に住む鳥だが、サクランボが実る季節に庭先にやってくるのは、サクランボのおいしい味を知っていて、どこそこの庭にはサクランボがあると覚えているのだろう。

ある日、ヒヨドリがサクランボを食べにやってきた。ところが赤く熟れた実をくわえるとどこかに飛んでいった。きっと子育ての最中なのに違いない。このように、野鳥を観察していると、面白くてたまらないという。

自分だけの別世界を持とう

私は田上さんの話を聞いていて、安岡正篤が『暁鐘《ぎょうしょう》』（明徳出版社）に、自分だけの別世界――壺中《こちゅう》の天を持つがいいと書いていたのを思いだした。

みんなそれぞれに個性があり、異なった感性を持っている。野鳥や野草の観察、雲が示す予兆、ハーブの栽培や効能について、驚くべき才能を発揮する人がいる。響く世界は個々人が違うのだ。

もしそれらの人が、大自然が持つ神秘を語ったら、周囲の人々は壺中にも天が開けていることを知って、どれほど魅了されるかわからない。

このように人それぞれが他の人々に貢献できるものを持っている。安岡はそのことを思い起こさせてくれる。自己表現する方法はビジネスだけとは限らないのだ。

「誠にしがないサラリーマン生活をしておるけれども、実はその反面において菊作りの名人であるという人がいる。菊の栽培ということになったら、利害など眼中にない。

本当に楽しんでおられる。

或《あるい》は絵を描く、或は音楽、或は哲学、何でもよろしい。俗の世界の中にあって、人の知らぬ別世界、つまり壺中の天を持つのです。

不幸にして自分の現実生活が本当に自分を打ち込むことのできない場合には、壺中の天を持つことです。これは人生にとって非常な価値であり幸福である」（前掲書）

壺中の天を持っている人は魅力的だ。何も人間世界での評価を気にして生きることはない。

自分にとっての「壺中の天」を見つけ出し、それを掘り下げはじめたら、目くるめき世界が展開していく。そしていつしか不思議な世界への案内人になって、俄然《がぜん》輝きはじめる。天は私たち一人ひとりにそういう感性を与え、開拓すべき不思議ワールドを用意しておられる。そう思ったら、私の「壺中の天」は何だろうと、わくわくどきどきする。私たちはそれぞれの人生の主人公なのだ！

5　独を抱く

独を抱くとは

それぞれの人生を有意義なものにしようとする者にとって、独《どく》を抱く、つまり独り静かなときを持ち、自分の人生を俯瞰《ふかん》し、自分に与えられた使命を考えることは、決定的に重要である。

そうでないと、私たちの人生は余りにも煩雑《はんざつ》でやるべきことが多く、それらのことに追い回されているうちに、一番本質的なことを忘れてしまい、人生を意味のないものにしてしまうことになりかねないからだ。

東洋の哲人と称される安岡正篤は大正十一（一九二二）年、二十五歳のとき、処女作『王陽明研究』（玄黄社）を出版して世の注目を集めた。安岡はかのカントの言う、「頭上に輝く星辰《せいしん》（北斗七星）と内なる道徳律」に感奮《かんぷん》して、一貫して天からのメッセージを発信してきた。だから多くの人々が深い気づきを得て、人生の師父《しふ》と仰ぐようになった。

安岡の『照心語録』（知致出版社）の次の一節は、独を抱き絶対の境涯をつかめば、決してぶれることはないと説く。

「人間にとって『独を抱く』ことは非常に大切なことだ。独とは単なるひとりではなく、相対に対する絶対の境涯を示す。つまり、群衆に伍《ご》す、ものに混ずることなく、自己に徹するということだ。人は自己の絶対に徹して初めてあらゆる相対に応ずることができる」

嬉しいのは、私たちがひとたび沈思黙考する時を持つと、自分の中に変わることなく、永遠の真理に呼応する道徳律が存在しているのが見えてくることだ。沈思黙考し、心を澄ましさえすれば、自分の中に羅針盤が内在しているのが見えてくるのだ。

人生の羅針盤

羅針盤は磁針がいつも北を指して方位を示してくれている。だから迷うことがない。

それは孟子につぐ大儒といわれる荀子《じゅんし》が、学問する目的は、

「窮《きゅう》して困《くる》しまず。憂いて意《こころ》衰えず。禍福終始を知って、惑《まど》わざるがためなり」

と説いたとおりである。自分の中にある羅針盤をつかんだとき、人はもう迷わなくなるのだ。

古来から、坐禅、静座、瞑想、観想などいろいろな方法で、内在する羅針盤をつかむ工夫がなされてきたが、それは今も変わらない。いや世の中がめまぐるしく変わるからこそ、羅針盤をつかみ、右往左往しない自分を確立する必要があるのだ。

さあ、十年一日のごとく政治家の権力闘争やお笑いの馬鹿騒ぎばかり映し出すテレビを消し、戸外に出よう。庭の植え込みから秋の虫がすだいているのが聴こえてくる。仰ぎ見ると夜空には刷毛で掃いたような薄雲が広がり、中天には月が皓々《こうこう》と照っている。日常の些事《さじ》から離れ、しばし悠久なる時間の流れに身を任せよう。

すると自分の内に無限なる宇宙が広がっているのが見えてきて、自分は無限なる存在が有限化した崇高な存在であることに目覚めていく。そこから揺るぎのない真の人生は始まるのだ。

6　死に直面すると真価が発揮される

自分を修める小さなヒント

「人間は肚《はら》を据《す》えると、妙に落着くものである。落着くと物事がはっきりして来る。それが真剣であればあるほど、しっとりとした情味も滲《し》み出て来る」

と安岡正篤は『経世瑣言《けいせいさげん》』（致知出版社）に書き出している。「経世」とは世の中を治める、「瑣言」とは「小さい言葉」という意味である。その書名のとおり、この本には、世を治め、かつ身を修める珠玉の言葉が書き連ねられている。

安岡の文章は語りかけるようなものが多い。この書き出しもそうだ。

「肚を据える」ということは、現状を受け入れることだ。「ここから再出発しよう」と覚悟を決めることでもある。覚悟を決めると心が落ち着く。

読者は読み進みながら、

「確かに心が落ち着くというのが人間形成の要《かなめ》だが、安岡先生はここで何を言おうとされているのだろうか」

と興味が湧く。こうして安岡は相手の関心を引き出して対話を深めていく。安岡はこう続ける。

「大道寺友山《だいどうじゆうざん》（江戸前期の兵法家）がその『武道初心集』に『主君や親に対して今日あって明日知らぬ身命ということが真実の覚悟とならないならば、武士としては十分な働きができない』と言っているのは一読ほろりとさせられる。

日本人は伝統的に『如何《いか》に死すべきか』の覚悟の上に独特の精神と文化とを実現してきただけに、この真実の思い入れに感激する。其処《そこ》には実に秘められた深愛と献身の尊さとがある」

安岡が述懐するように、死に直面すると人は真剣になる。大相撲の行事が脇差しを所持しているのは、軍配を差し違えた場合、即刻その場で自害して果てる覚悟からだという。日本人はことそれほどに自分の行為にいのちを懸けている。だからこそ日常のことで人間が磨かれるのだ。

歴史を振り返ってみると、死に直面すると人間は肚が坐り、その人の真価が際立ってくる例が多いことに気づく。それは日蓮の事跡を見ても理解できる。

日蓮の肚を作った「死に直面した経験」

日蓮は文応元年（一二六〇）、鎌倉幕府の最高実力者北条時頼《ときより》に「立正《りっしょう》安国論」を建白した。しかしこれは既成集団が讒訴《ざんそ》するところとなり、翌年松葉ヶ谷の草庵で焼き討ちに遭《あ》った。

あやうく難を逃れたものの、翌年伊豆に流罪されてしまった。さらに文永元年（一九六四）には安房《あわ》国小松原（現・千葉県鴨川《かもがわ》）で念仏信仰者の地頭東条景信《かげのぶ》に襲われ、左腕と額に負傷した。

加えて文永八（一二七一）年、腰越龍ノ口《こしごえたつのくち》刑場（現・藤沢市片瀬）で断罪されかかったが、これまた死地を逃れた。そうした度重なる法難は、逆に日蓮の肚をつくり、視点を磨いて、ますます不屈の信念を育てていった。逆境は辛いことだが、信念を育ててくれるものでもあるのだ。

キリスト教社会運動家の賀川《かがわ》豊彦が大正九（一九二〇）年に『死線を越えて』（改造社）を出版すると、四百万部を超す超ベストセラーになった。この本の核心も「死線」である。こう見てくると、死に直面するというのは、行き詰まりを意味するのではなく、そこからその人の真価が発揮されることを意味する。

だから『孟子』の次の有名な誦句はいまも燦然《さんぜん》と輝いている。

「天のまさに大任をこの人に降《くだ》さんとするや、必ずまずその心志《しんし》を苦しめ、その筋骨《きんこつ》を労《ろう》せしめ、その体膚《たいふ》を餓《う》えしめ、その身を空乏《くうぼう》にし、行うこと、その為《な》さんとするところに払乱《ふつらん》せしむ」

（天がある人に大任を与えようとするとき、必ずまずその人の心身を苦しめ、窮乏の境遇に置き、何を行っても意図するものが成就できないようにする。それは「艱難汝を玉にする」ための試錬なのだ）

心さえ折れなければ、道は必ず開けていくのだ。

7　インナー・ボイスに耳を傾ける

人語を聞かず、ただ天を看る

私は先年、『西郷隆盛人間学』（致知出版社）を書いたとき、西郷隆盛はなぜあれほど温泉好きであったか、いろいろと詮索《せんさく》した。西郷は悪寒《おかん》が止まらないというやっかいな持病フィラリアを抱えていたので、その治療もあってしばしば温泉に行っていた。

それは一つの理由だろうが、私はもう一つ理由があったと思う。世塵《せじん》を洗い流し、ただ独り天の声を聴くためである。たとえば西郷にこんな漢詩がある。

幽居《ゆうきょ》夢覚めて茶烟《さえん》起こり
霊境《れいきょう》の温泉に世縁《よえん》を洗う
池古く山深く、夜よりも静かなり
人語を聞かず、ただ天を看《み》る

（浮世を離れた静かな山里の家で、午睡《ごすい》から覚めると、茶釜から湯煙りが上っていた。私は人里離れた霊境の温泉に浸りて、世俗のしがらみを洗い流している。そもそもこの土地は建国神話につながる古い土地で、池も古く、山も静かで、昼でも夜より静かなくらいだ。人の声はまったく聴こえない。湯に浸かって、私はただ天だけを仰ぎ見ている）

西郷は結句で「人語を聞かず、ただ天を看る」と言っているが、この温泉はそういう閑静な土地だと言いつつ、それに掛けて、「人の意見に影響されるものではなく、ただ天にのみ相対している」と言っているのではなかろうか。

西郷は多くの漢詩を詠んでいる。詩で自分の志操を述べると背筋がしゃんと伸びる。

塵世官《じんせいかん》を逃れ、また名《めい》を遯《のが》れ
偏《ひと》えに怡《よろこ》ぶ造化自然の情
閑中《かんちゅう》味わいあり春窓《しゅんそう》の夢
呼び覚《さ》ます暁鶯三両声《ぎょうおうさんりょうせい》

(塵芥《ちりあくた》にも等しい官界や名利を逃れ、天地のありのままの趣《おもむ》きをひたすら楽しんでいる。のどかな春の窓辺で夢をむさぼるのも、閑中なかなか味わいがある。折りしも暁の鶯《うぐいす》が二声、三声と啼《な》いて、夢から呼び覚ましてくれた。ああ、春暁の鶯はこよなくいいいものだ)

天と交流してそんな時間を持ち、右顧左眄《うこさべん》することなく、なすべき使命を果たし、一回限りしかない人生を最大限に生きようとしている人間ほど清々しいものはない。

日本にキリスト教を導入した内村鑑三《かんぞう》は、世界的なベストセラーとなった『代表的日本人』(岩波文庫)の筆頭に西郷隆盛を取り上げ、この人の言動には日本人には珍しく、「天」という言葉がしばしば登場するが、これは彼が深く内省し、「内なる声《インナー・ボイス》」に耳を傾けていたからではなかろうかと推測している。そして『西郷南洲遺訓』(岩波文庫)にも収録されている西郷の次の言葉を想起している。

「人を相手にせず、天を相手にせよ。天を相手にして、己れを尽くして、人を咎《とが》めず、我が誠の足らざるを尋《たず》ぬべし」

インナーボイスに耳を傾けて思索の時を持ち、自主独立の世界を切り開くのは、長たるものに欠かせない資質だ。それを持ちえたとき、その人は歴史の地平の開拓者となることができるのだ。

「古教、心を照らし、心、古教を照らす」

インナーボイスに耳を傾けるとは、ただに瞑想の時を持つということではない。愛読書に読みふける時間もまた、自己との対話の時であり、内なる声に聴き入る時間でもある。たとえば次の安岡の文章は、彼の精神生活の豊かさを見事に表現している。

「心を打たれ、身に沁《し》みるような古人の書を、我を忘れて読み耽《ふけ》るとき、生きていて良かったという喜びを感じる。そんな書物に出合うと、時間だの空間だのという制約を離れて、真に救われる。あぁ、確かにそうだ！　と所謂《いわゆる》解脱《げだつ》に導かれる。そういう愛読書を持つことが、またそういう思索体験を持つことが、人間としていちばん幸福であって、それを持つと持たぬとでは、人生の幸福は懸絶《けんぜつ》してくる」（『いかに生くべきか　東洋倫理概論』致知出版社）

こんな静かな満ち足りた夜の時間を持つことができたら、人間は大いに気力を充実させ、翌日また颯爽《さっそう》とした歩みをすることができるのではなかろうか。

この本は七十数冊ある安岡の著書の中で、私は最も高く評価している。戦前の金雞学院や日本農士学校のテキストとして書き下ろされた本で、難しい漢語、熟語が多いが、幸いにも致知出版社が脚注をつけてくれているので、とても読みやすくなっている。

古人との交わりの楽しみを虎関《こかん》禅師は、

「古教、心を照らし、心、古教を照らす」

と表現されたが、書物を読み進むうちに、いつしか自分が主人公になり、あれこれ意見を述べている。つまり著者と対話しているのだ。

このように、愛読書や佳書は私たちにそれほど満ち足りた時間を与えてくれるのだ。一回しかない人生だから、大いに啓発され、充実した人生を過ごそうではないか。

エピローグ

今政治の世界では民主党政権で果して日本の国家はもつのかという国家の存続を賭けた実験が行われている。鳩山首相（当時）は普天間《ふてんま》基地移転問題で日米関係をぎくしゃくさせるという失政をし、菅首相（当時）は尖閣《せんかく》列島で違法操業していた中国漁船を、日本の海上保安庁の巡視船に体当たりした容疑で逮捕しながら、「日中関係を考慮して、急遽《きゅうきょ》釈放する」措置を取ってしまった。

その後も菅首相（当時）は国後《くなしり》島でロシアにつけ入れられる失態を演じ、退陣表明後も三か月の長きにわたって政権の座に居座り続け、国民の総すかんを食って、とうとう退陣に追い込まれてしまった。

なぜこういう体たらくになってしまったのか。

これは市民運動あがりの菅首相はじめ、民主党に国家観が欠落しているからである。旧社会党から自民党脱党組まで国家間の違うものたちが数合わせのために烏合《うごう》だけの政党でしかないから、具体的な国家運営になったとき、内部抗争が激しくなり、何もきめられず、先送りばかりしてきたからである。

敗戦というみじめな結果に終わった偏狭な国粋主義に対する反動が、前後六十六年経った今もなお続いており、国家を危うくするところまで来ている。かろうじて三人目の野田政権が生まれたものの、根本的なところは何も検討されないまま、ただ数合わせで新政権が誕生したところを見ると、この政権も遠からず行き詰るに違いない。もうそろそろ左翼小児病的負の遺産を脱却して、自立しなければならない。しからば、どうしたらバランスの取れた人間に立ち返ることができるのか。

私は聖賢が立脚していた天地の理《ことわり》に返り、それに即して是々非々を判断することができなければいけないと思う。そう考えるとき、安岡正篤が「終戦の詔勅《しょうちょく》」を刪《さん》修《しゅう》する際、「去聖《きょせい》のために絶学を継ぐ」という思想を念頭に置いたのは、深謀遠慮《しんぼうえんりょ》の末に至った結論であり、並々ならぬ決意があったと思わざるを得ない。

見渡すかぎり焼け野が原となってしまった祖国の惨状を見て落涙した安岡は、頬を伝う涙をぬぐって決意した。

「今はもう誰も振り返らなくなり絶えてしまった聖賢の学問を、今こそ引き継いで蘇らせ、日本人の真の主体性を確立しなければならない」

それは改めて「迂遠《うえん》なようであるけれども、一からコツコツとやっていくしかない」と自覚することだった。その後、革命運動が吹き荒れ、国家の命脈がつきようとしたことが何度もあったが、「聖賢の書に立ち返って、そこから人生観を確立し、国家を作り直していこう」という安岡の取り組みは次第に人々に受け入れられ、燎原《りょうげん》の火のように広がっていった。右往左往することの多い世の中にあって、静かに深い古典ブームが今なお持続しているのは、その証左であるように思う。

本書では、未曾有《みぞう》の国難となった東日本大震災を契機として、安岡が敗戦の焦土の中で決意したものは何だったのかを改めて検証し、安岡が推奨した聖賢の志操《しそう》をいささかなりとも叙述《じょじゅつ》しようとした。少しではあるが、私も「絶学を継ぐ」ことに貢献できて幸せに思う。

それにまた本書を世に問うために尽力してくださった藤尾秀昭社長、柳澤まり子専務、高井真人さんに心からの感謝を申し上げたい。時代の要求を読む優れた感覚がなければ、名伯楽としての仕事はできない。その意味で本書は私と高井さんのコラボレーションの所産である。

著者識

【参考文献】

『憂楽志』（安岡正篤著・明徳出版社）／『新憂楽志』（安岡正篤著・明徳出版社）／『人物・学問』（安岡正篤著・明徳出版社）／『朝の論語』（安岡正篤著・明徳出版社）／『王陽明研究』（安岡正篤著・明徳出版社）／『儒教と老荘』（安岡正篤著・明徳出版社）／『暁鐘』（安岡正篤著・明徳出版社）／『憂楽秘帖』（安岡正篤著・全国師友協会）／『人間学のすすめ』（安岡正篤著・福村出版）／『百朝集』（安岡正篤著・福村出版）／『禅と陽明学　上下』（安岡正篤著・プレジデント社）／『運命を開く』（安岡正篤著・プレジデント社）／『知命と立命』（安岡正篤著・プレジデント社）／『人物を創る』（安岡正篤著・プレジデント社）／『論語の活学』（安岡正篤著・プレジデント社）／『東洋的学風』（安岡正篤著・島津書房）／『活眼活学』（安岡正篤著・PHP研究所）／『安岡正篤　人生信條』（安岡正篤著・致知出版社）／『いかに生くべきか　東洋倫理概論』（安岡正篤著・致知出版社）／『易と人生哲学』（安岡正篤著・致知出版社）／『照心語録』（安岡正篤著・致知出版社）『経世瑣言』（安岡正篤著・致知出版社）／『東洋人物学』（安岡正篤著・致知出版社）／『正法眼蔵』（道元著・春秋社）／『典座教訓』（道元著・角川学芸出版社）／『日本の美を求

めて』（東山魁夷著・講談社）／『ある徴兵拒否者の歩み』（北御門二郎著・みすず書房）／『西郷隆盛人間学』（神渡良平著・致知出版社）／『心の扉を開く』（アイリーン・キャディ著・日本教文社）

本書は、週刊『先見経済』（清話会）、『関西師友』（関西師友協会）、月刊『百歳万歳』（百歳万歳社）に掲載された原稿に大幅な加筆をし、まとめたものです。

〈著者略歴〉
神渡良平（かみわたり・りょうへい）

昭和23（1948）年鹿児島生まれ。九州大学医学部を中退後、雑誌記者などの職業を経て、作家に。38歳のとき脳梗塞で倒れ一時は半身不随となるが、必死のリハビリによって社会復帰を果たす。そしてこの宇宙には大きな仕組みがあり、それに即した建設的で前向きな生き方をしたとき、実りある人生が築けることに目覚めていく。この闘病体験から、「人生は一度だけ。貴重な人生をとりこぼさないためにはどうしたらよいか」という問題意識が作品の底流となっている。
近著に『敗れざる者　ダスキン創業者鈴木清一の不屈の精神』『一隅を照らす生き方』（以上、PHP研究所）、『安岡正篤の風韻（ふういん）』（同文舘出版）、『下坐（げざ）に生きる』『宇宙の響き　中村天風の世界』（以上、致知出版社）、『安岡正篤　珠玉の言葉』『安岡正篤「人生を拓く」』『中村天風「幸せを呼び込む」思考』（以上、講談社新書）、『安岡正篤人間学』（講談社文庫）、『マザー・テレサへの旅路』（サンマーク出版）などがある。
〒285-0831　千葉県佐倉市染井野5-26-11
電話 043-460-1833　FAX 043-460-1834
e-mail　kami@kb3.so-net.ne.jp
http://www008.upp.so-net.ne.jp/kami/

安岡正篤　立命への道

平成二十三年九月三十日第一刷発行

著者　神渡　良平
発行者　藤尾　秀昭
発行所　致知出版社
〒150-0001東京都渋谷区神宮前四の二十四の九
TEL（〇三）三七九六―二一一一
印刷・製本　中央精版印刷
落丁・乱丁はお取替え致します。　（検印廃止）

ISBN978-4-88474-940-8 C0095
ホームページ　http://www.chichi.co.jp
Eメール　books@chichi.co.jp